FETTNÄPFCHENFÜHRER

CONBOOK.

Auf einem Schulausflug verliebte sich **Monika Sandmann**, die gebürtige Bottroperin, Knall auf Fall in Köln, um ein paar Jahre später für ihr Studium dorthin zu ziehen und für immer zu bleiben. Zwar führt sie das Fernweh regelmäßig in alle Ecken der Welt, doch ihr Heimweh nach der Stadt des Frohsinns ist so groß, dass sie gar nicht anders kann, als über kurz oder lang zurückzukehren. Als freie Autorin für Drehbücher und vieles mehr kann Monika Sandmann von überall schreiben, doch am liebsten arbeitet sie mit ihrem Lebensgefährten Dirk Udelhoven zusammen. Natürlich in Köln!

Dirk Udelhoven ist Kölner, liebt seine Stadt und hat sie aus Überzeugung seit seiner Geburt nur selten verlassen. Er stammt aus einer karnevalistischen Familie, ist schon beim Rosenmontagszug mitgegangen und stolzer Besitzer einer Dauerkarte des 1. FC Kölns. Er kennt die Geschichte seiner Heimat, alle 86 *Veedel* der Stadt und ist bei den Karnevalshits überaus textsicher. Dirk Udelhoven hat ein Buch über seinen Lieblingsverein geschrieben und gemeinsam mit Monika Sandmann eins über das Rheinland. Er arbeitet als Drehbuchautor fürs Fernsehen.

KÖLN

FETTNÄPFCHENFÜHRER

ÜBERLEBEN ZWISCHEN HIMMEL UN ÄÄD

MONIKA SANDMANN UND DIRK UDELHOVEN

FSC
www.fsc.org
MIX
Papier aus verantwortungsvollen Quellen
FSC® C014496

1. Auflage

www.conbook-verlag.de

Einbandgestaltung: Weiß-Freiburg GmbH – Grafik & Buchgestaltung
unter Verwendung eines Motivs von elRoce/Shutterstock.com
Satz: Röser MEDIA, Karlsruhe
Druck und Verarbeitung: GGP Media GmbH, Pößneck

Printed in Germany

ISBN 978-3-95889-371-9

INHALT

1 NIX WIE WEG

ODER: DAS GEHEIMNIS DES EBERTPLATZES

»Der Zug erreicht in wenigen Minuten Köln Hauptbahnhof«, tönt die Lautsprecherdurchsage im IC 2217. Ulla schreckt hoch. Gefühlte Ewigkeiten, fast sechs Stunden, hat sie mehr oder weniger im Halbschlafmodus vor sich hingedöst. Jetzt ist sie augenblicklich wach. Eine prickelnde, aufgedrehte Unruhe rumort in ihr. Sie kann es kaum noch erwarten: In wenigen Minuten fängt ihr neues Leben an.

Ulla zieht in die Stadt des rheinischen Frohsinns. Der Liebe wegen. Ihr Freund ist Kölner durch und durch. Er und woanders leben? Geht gar nicht. Das hat er ihr von Anfang an gesagt. Also entweder Fernbeziehung oder Ullas Immigration nach Köln. Die Wahl fiel ihr leicht. Als Kind wollte sie schon immer raus in die Welt. Ulla ist neugierig, offen und kommunikativ. Außerdem Influencerin im Bereich Mode. Sie kann von überall auf der Welt ihrer Arbeit nachgehen. Stefan nicht. Er ist Architekt und bei der Stadt angestellt. Dort kümmert er sich um die Instandhaltung der Kölner Schulen.

Ulla ist übrigens 24 Jahre und kommt aus Itzehoe, einer Stadt irgendwo im Nirgendwo Schleswig-Holsteins. Die Stadt ist wunderbar, aber einfach zu klein für Ulla. Klar wird sie die Mädelsabende mit ihren Freundinnen vermissen, wird bedauern, dass sie nicht mehr mal eben bei ihren Eltern zum *Klönschnack* reinschneien kann, und erst recht werden ihr die langen Wanderungen mit ihrem Bruder fehlen. Ein neues Leben ist aufregend, aber tatsächlich auch etwas beängstigend. Wird Ulla sich in Köln wohlfühlen? Wird sie Freunde finden, sich mit Stefans Familie verstehen? Fragen über Fragen.

Ein vielstimmiges, begeistertes »Ah«- und »Oh«-Raunen dringt in ihr Ohr und lenkt sie von den melancholischen Gedanken ab. Die Mitreisenden im Großraumwagen switchen aufgeregt von der einen Fensterseite auf die andere. Handys werden gezückt, Fotos geschossen und Nasen an Fenstern platt gedrückt. Ulla sieht raus. Der Zug rattert auf der **Hohenzollernbrücke** über den Rhein.

»Wow«, flüstert sie ehrfürchtig. Das Panorama ist überwältigend. Ulla weiß gar nicht, wo sie zuerst hinsehen soll. Links, rechts, oben, unten? Überall Augenfutter! Unten auf dem Rhein schippern Fracht- und Ausflugsschiffe, am Ufer liegen die Flusskreuzfahrtschiffe, so viele, dass sie selbst in zweiter Reihe parken müssen. Rechts die halbrunde, blau bespannte Kuppel des **Musical Dome**, links sieht sie gerade noch den Hauch der spektakulären **Kranhäuser**. Da erhebt sich majestätisch das Wahrzeichen der Stadt vor ihr: der **Kölner Dom**. O mein Gott, der Zug scheint direkt hineinzufahren! Das tut er natürlich nicht, sondern stoppt im Hauptbahnhof, der unterhalb der großen Kathedrale liegt.

Kölner Boden unter den Füßen. Geflasht vom Rausch der visuellen Eindrücke ruft Ulla Stefans SMS auf, die er ihr während der Zugfahrt geschickt hat. Die Wegbeschreibung vom Hauptbahnhof zu seiner Wohnung, die Ulla jetzt zum ersten Mal zu Gesicht bekommen wird. Im Zug hat sie seine SMS erst mal weggeklickt. Der größte Teil der Fahrt lag noch vor ihr, also Zeit genug, um sich irgendwann damit zu beschäftigen. Sie hätte es besser früher getan. Selbst als sie »Du nimmst die U-Bahn 16 Richtung Niehl oder die 18 Richtung Buchheim und steigst am Ebertplatz aus« liest, denkt sie noch nichts Böses. Erst bei der Einfahrt in die Haltestelle **Ebertplatz** fällt ihr brühheiß ein: Ebertplatz!? Der Angstraum Ebertplatz?

Sofort hat sie die Schlagzeilen in den Medien vor den Augen. Innerhalb weniger Jahre sind auf dem Ebertplatz mehrere Menschen gewaltsam ums Leben gekommen. Auf dem unübersichtlichen Platz mit seinen vielen dunklen Ecken tummeln sich Kriminelle, Dealer und Drogenabhängige. Es gab Massenschlägereien, Messerstechereien und Gewalt von rechten Hooligans. Den Platz unbedingt meiden, hieß es in den Meldungen. Was auch sonst? Welcher Mensch begibt sich freiwillig in Lebensgefahr? Adrenalinjunkies vielleicht. Zu denen zählt Ulla nicht, und das weiß Stefan. Vielleicht hat er den Schandfleck einfach nur verdrängt? Das sähe ihm ähnlich. Auf seine geliebte Stadt lässt er nichts kommen. Oder will er Ulla testen? Soll sie beweisen, dass sie für ihn und Köln tough genug ist? Ulla bemerkt, wie sich ein unschönes Gefühl in ihr breitmachen will. Kann das mit Stefan, Köln und ihr wirklich gut gehen?

Die Umhängetasche an sich pressend, den Griff ihres Rollkoffers fest in der Hand, nimmt Ulla die Rolltreppe aufwärts. Oben angelangt, steht sie in einer Unterführung. Blitzartig fallen ihr Verhaltenstipps aus ihrem Südamerikatrip ein: keine Angst zeigen, Blickkontakt meiden, entschlossen und zügig gehen.

Im tunnelhaften Gang blendet Ulla die Sonne, die vom Platz hineinstrahlt. Reflexhaft folgt sie der Helligkeit, hört schweres Wasserrauschen, fröhliche Kinderrufe, lachende Menschen und sieht überdimensionale Wasserspiele. Aus einem fast zehn Meter hohen silberglänzenden Röhrenstamm ergießt sich das kühle Nass in die Tiefe. 16 unterschiedlich lange Edelstahlrohre, die an riesige Nägel erinnern, ragen vom Stamm aus in den Platz und versprühen zischend Wasser. Dazwischen jagen jauchzende Kinder. Ulla sieht fröhliche Menschen, wohin sie auch blickt. Alt und Jung, von überallher. Das ist also der Angstraum Ebertplatz.

Leck mich en de Täsch, wat für 'n Malör

Dafür muss man verstehen, wie die Kölner*innen und die Boulevardmedien der Stadt funktionieren: Passiert etwas Spektakuläres, schießt die Emotionskurve sofort hoch, verweilt zeitlich überschaubar auf höchstem Erregungsmodus und sackt zügig wieder in buddhistische Gelassenheit ab.

So war es auch nach den Ereignissen auf dem Ebertplatz. Diese haben die Bürger*innen zutiefst erschüttert, denn sie lieben ihre Stadt, und keiner darf sie kaputt machen. Deshalb die Schlagzeilen in den Medien, die bundesweit Aufsehen erregten, die Diskussionen, wie man der Kriminalität wieder Herr wird, und die Forderungen an die Politik, endlich aktiv zu werden.

Aber Aufregung ist auch anstrengend, und Anstrengung hassen die Kölner*innen. Also nehmen sie die Dinge so, wie sie eben sind. »*Et es, wie et es!*« (auf Hochdeutsch: Es ist, wie es ist), heißt es in Paragraf 1 des Kölschen Grundgesetzes, das allgemein eine gute Orientierung über die Mentalität der Kölner*innen bietet. Doch bei aller rheinischen Gelassenheit gibt es auch für die Kölner*innen den Moment, an dem ihr Geduldsfaden reißt und sich in einer schlichten Warnung ankündigt: »*Is et bal jot?*« (Ist es bald genug?)

Wenn nicht, setzt der Gemeinsinn der Bürger*innen ein. So auch am Ebertplatz: Die Kölner*innen lassen sich von Kriminellen nicht so einfach den Platz wegnehmen. Im Gegenteil, sie haben den Kriminellen den Platz selbst wieder weggenommen.

Schwaadschnüss

Jahrzehntelang hatte die Stadt den Ebertplatz verwahrlosen lassen. Es fehlte das Geld. Der Springbrunnen wurde abgeschaltet. Drogen- und Beschaffungskriminalität blühten auf. Erst als die Gewalt eskalierte, reagierte die Politik. Pläne kamen auf, den Platz zuzubetonieren. Ein Frevel. Denn architektonisch ist der Ebertplatz ein Vorzeigebau des Brutalismus. Weil er tiefergelegt ist, grenzt er sich optisch und akustisch von dem zentralen Verkehrsknotenpunkt ab. Ganz aus Beton mit geometrischen Formen schwingt sich der Platz terrassenartig wie eine Landschaft in die Tiefe. Auf der einen Seite geht es hinab zur U-Bahn und zum direkt anschließenden

Theodor-Heuss-Park. Auf der anderen Seite gelangt man unter einer Überdachung zu unterirdisch gelegenen Gewerberäumen und über Treppen bzw. Rolltreppen auf die anderen Straßenseiten. Den Platz abreißen? *No way* für die Anwohner*innen. Sie stiegen auf die Barrikaden und erreichten eine sogenannte Zwischennutzung, die aktuell bis 2021 gilt.

Als Erstes wurde die **Wasserkinetische Plastik** des Kölner Künstlers Wolfgang Göddertz wieder in Schwung gebracht. 18.000 Liter Wasser kreisen hier stündlich. Kraftvolle Kunst, die Spaß macht. Ende der 60er Jahre hatte die Stadt Künstler aufgerufen, ein Projekt für den Ebertplatz zu entwickeln. Als Göddertz Kinder beim Spielen in einem Brunnen beobachtete, kam ihm die Idee zu seiner begehbaren Brunnenskulptur. Das Wasser sollte dabei so sprudeln, dass Formen entstehen. Er bekam den Zuschlag. 1977 wurde die Wasserkinetische Plastik fertiggestellt, 20 Jahre war sie in Betrieb. Ende der 1990er Jahre stellte man sie ab. Sparmaßnahmen.

Seit 2018 rauscht das Wasser wieder. Wenn es dunkel wird, erstrahlen Skulptur und Platz in bunten Farben. In die Gewerberäume zogen Galerien ein und belebten die unterirdische Ödnis mit Kunstprojekten. Im Restaurant **African Drum** treffen sich regelmäßig die Ebertplatz-Aktiven. Es gibt Open-Air-Kino und Konzerte, u. a. spielten hier Erdmöbel, Robert Forster und Judith Holofernes, es gibt Flohmärkte, Spielaktionen für Kinder und im Winter sogar eine Eisbahn.

2 FÜNFE GERADE SEIN LASSEN

ABER NUR WENN DIE KÖLNER*INNEN ES WOLLEN

Seit ein paar Tagen ist Ulla nun in Köln, der aufregenden Stadt am Rhein. Mit einem einzigen Koffer ist sie angekommen. Darin: Sommersachen, Sandalen, Sneakers, Unterwäsche, Hygieneartikel, Laptop und Kameraausrüstung. Wären in ihrem Gepäck nicht auch die Kieler Sprotten, der Holsteiner Katenschinken und die Flasche Köm, könnte sie wirklich im Urlaub sein. Die holsteinischen Spezialitäten sind Geschenke ihrer Freundinnen. Damit Ulla ihre Mädels nicht vergisst. Wie könnte Ulla! Ihre Familie und ihre Freund*innen sind das, was ihr am meisten fehlen wird.

Bevor trübe Stimmung aufkommt, verlässt Ulla die Wohnung. Behängt mit ihrer Kamera, erkundet sie die Nachbarschaft. **Agnesviertel**, so heißt die Gegend hier. Das weiß Ulla ganz genau. Denn sie hat »Agnesviertel« so oft von Stefan gehört, dass es on top ihrer meistgehörten Wörter des letzten halben Jahres gelandet ist. So lange kennt sie Stefan.

Als sie ihn gefragt hatte, wo genau er in Köln wohne, hatte er mit Stolz in der Stimme geantwortet: »Im Agnesviertel«, und sie erwartungsvoll angesehen. Ulla wusste nicht, was sie sagen sollte.

Agnesviertel?! War das was Besonderes? Sie hatte keinen blassen Schimmer, wollte sich aber auch auf keinen Fall blamieren. Vielleicht war es das heimliche Szeneviertel Kölns, allen Insidern natürlich bekannt. Und sie, die Influencerin, die quasi per Definition Trends setzt und selbstverständlich immer voll im Trend ist, kannte den *place to be* nicht? Ging gar nicht. Also gab sie vor, Bescheid zu wissen, lächelte nett und wechselte das Thema.

Natürlich recherchierte sie umgehend im Internet. Doch was sie fand, war nicht der Rede wert. Viel Geschichte, aber weit entfernt von Hotspot, *place to be* und Geheimtipp. Mit anderen Worten: nichts, was sie sich merken müsste. Doch für Stefan schien »Agnesviertel« einen magischen Klang zu haben. Egal wer nach seinem Wohnort fragte: Zuerst kam Köln, dann Agnesviertel, nie der Straßenname oder irgendwelche Bezugspunkte in der Nähe. Zum Beispiel ein Museum, eine Bar, ein Club.

Jetzt steht Ulla selbst im Agnesviertel. Es ist hübsch, lebendig und einladend. Überall kann man draußen sitzen. Selbst Bäckereien haben Stühle und Tische auf dem Bürgersteig stehen. Ein bunter Mix an Geschäften. Supermarkt, Drogerie, aber auch viele kleine Boutiquen, Buch- und Blumenläden, Metzger, und es gibt sogar einen Markt auf dem Kirchvorplatz. Wie auf dem Dorf, denkt Ulla und muss lächeln.

GEWEIHTE LIEBE

Die **Kirche St. Agnes** ist die Namensgeberin des Viertels und nach dem Dom die zweitgrößte Kirche Kölns. Sie entstand aus Liebe. Im wahrsten Sinn des Wortes. Anfang des 20. Jahrhunderts ließ der Kölner Bauunternehmer Peter Joseph Roeckerath die Kirche errichten. Kurz zuvor war seine geliebte Ehefrau Agnes gestorben, nachdem die beiden 23 Jahre verheiratet gewesen waren. Die Kirche sollte ihre letzte Ruhestätte werden. 1913 wurde die Kirche durch den Kölner Erzbischof der heiligen Agnes geweiht.

Ulla lässt sich treiben. Sie folgt den Fotomotiven. Entlang der Alleen mit ihren prächtigen Altbauten, durch die **Hülchrather Straße,** in der der Kölner Literaturnobelpreisträger Heinrich Böll zwanzig Jahre lang wohnte. Und dann landet sie im **Rosengarten**.

ROSENKAVALIER

Der **Rosengarten** verdankt seine Existenz dem Rosen-Fan und damaligem Oberbürgermeister der Stadt, Konrad Adenauer. Dass der Garten auch noch auf einem Dach liegt, hat ebenfalls mit Adenauer zu tun.

Das Dach gehört nämlich zur Festungsanlage **Fort X**, 1825 fertiggestellt und von Friedrich Wilhelm III. eingeweiht. Seitdem heißt es Fort Prinz Wilhelm von Preußen. Nach dem Ersten Weltkrieg sollte es abgerissen werden, doch Adenauer machte sich dagegen stark. Fort X blieb und wurde nach den Plänen des Gartenarchitekten Fritz Encke zum grünen Fort umgewidmet. In den äußeren Festungsgraben ließ er Bäume setzen und auf dem Dach den Rosengarten anlegen.

Heute ist die Fläche fast 100 Hektar groß. Über 50 Rosensorten wachsen hier. Darunter gibt es besondere Züchtungen wie die Peter-Frankenfeld- oder die Hamburger-Deern-Rose.

Stunden später und bei bester Laune kehrt Ulla heim. Sie hat viele Fotos geschossen und den Kopf voll kreativer Ideen für ihren Internetblog. Im Briefkasten ist Post. Ulla nimmt sie heraus. Werbung und eine Benachrichtigungskarte. Ulla hat ein Päckchen bekommen, das sie bei der Post abholen kann. Am nächsten Tag. Ein Päckchen? Ulla hat nichts bestellt. Vielleicht aus der Heimat? Von ihren Eltern? Oder von den Freundinnen? Sie platzt vor Neugier.

Endlich. Der nächste Morgen. Ulla ist eine Viertelstunde zu früh. Die Postfiliale hat noch geschlossen. Also noch schnell einen Kaffee trinken, und nichts wie hin. Sie ist die erste Kundin. Strahlend begrüßt sie den älteren Postbeamten mit dem größten Hufeisenschnäuzer, den Ulla im Leben gesehen hat. Doch für Staunen ist keine Zeit. Ulla legt die Abholkarte auf den Tresen. Der Herr nimmt sie stoisch an, schlappt in einen hinteren Raum und kehrt nach gefühlten Ewigkeiten mit einem Päckchen wieder. Kaum hat er es auf den Tresen gelegt, will Ulla es nehmen.

Da schnellt die Hand des Beamten hervor, reißt das Päckchen an sich, und es brummt unter dem Schnäuzer: »*Wat jitt dat, wenn et fädich es?*« (Was wird das, wenn es fertig ist?)

Ulla versteht kein Wort. »Was?«

Der Beamte rollt mit den Augen. »Personalausweis.« Auffordernd sieht er Ulla an.

Okay, geht doch. Das war klar und deutlich. Sie nestelt ihren Perso aus dem Portemonnaie.

Der Postbeamte studiert ihn, schüttelt den Kopf und brummt: »Der ist nicht mehr gültig.«

Tatsächlich, ihr Personalausweis ist vor einem halben Jahr abgelaufen. Das war ihr gar nicht aufgefallen. Andererseits aber auch kein Beinbruch bzw. kein Grund, ihr das Päckchen nicht auszuhändigen.

Der Postbeamte sieht das anders.

Ulla zeigt ihm ihre Kreditkarte, ihre Mitgliedskarte vom Fitnesszentrum in Itzehoe, ihre Krankenversicherungskarte. Überall steht ihr Name drauf. Sie argumentiert, protestiert, flucht und fleht. Umsonst. Der Beamte nimmt ihr Päckchen und schlappt damit wieder in den hinteren Raum.

Die ältere Kundin hinter Ulla hat das Drama mitbekommen und lacht mitfühlend. »*Mädche, kennste net unser Jrundjesetz, Artikel 1?*« (Mädchen, kennst du nicht unser Grundgesetz, Artikel 1?)

Ulla blickt die Dame ungläubig an. *Jrundjesetz?* Also Grundgesetz? Ja, Ulla kennt es und auch Artikel 1: Die Würde des Menschen ist unantastbar.

Das stimmt. Nur meint die Dame nicht das Grundgesetz der Bundesrepublik Deutschland, sondern *et kölsche Jrundjesetz*, also das kölsche Grundgesetz. Seine Gesetze zu kennen ist in Köln quasi überlebenswichtig.

Herkunft und Alter des kölschen Grundgesetzes sind übrigens unbekannt. In seinem Artikel 1 heißt es: *»Et es, wie et es.«* (Es ist, wie es ist.) Die Dame wollte Ulla damit sagen, dass sie sich mit der Situation abfinden muss, denn sie kann sie nicht ändern. Der Postbeamte hatte eben die besseren Karten. Er war im Recht. Jammern oder sich aufregen wäre reine Zeitverschwendung.

Schwaadschnüss

Das kölsche Grundgesetz besteht aus mundartlichen Redensarten, die die besondere Lebenseinstellung der Kölner*innen widerspiegeln. Die Leute hier lassen sich nichts sagen, erst recht nicht von irgendwelchen Obrigkeiten. Sie nehmen ihr Leben mit großer Gelassenheit und einem tief verwurzelten Humor, weshalb man auch von der rheinischen Frohnatur spricht.

Aber nicht auf das Grundgesetz der BRD spielt das kölsche Grundgesetz mit seinen zehn Artikeln an, sondern auf die zehn Gebote der Bibel. Früher waren die Kölner*innen zwar zum Großteil katholisch, doch bis heute lassen sie sich von niemandem etwas predigen. Schon gar nicht von einem *Paaf* (Pfarrer). Deshalb erzählt man sich *»die ware Geschischte mit dämm Moses un dänne zehn Rejeln«* (die wahre Geschichte mit Moses und den zehn Regeln). Und weil die Kölner*innen Kölner*innen sind, haben sie natürlich noch eine Regel oben drauf gesetzt und aus zehn *jecke* (verrückte) 11 Regeln gemacht.

1. *Et es, wie et es.* (Es ist, wie es ist.)

Übertragen heißt es: Sieh den Dingen ins Auge.

2. *Et kütt, wie et kütt.* (Es kommt, wie es kommt.)

Übertragen: Hab keine Angst vor der Zukunft.

3. *Et hätt noch emmer joot jejange.* (Es ist noch immer gut gegangen.)

Übertragen: Es gibt eine Vorsehung. Gegen die kann man nichts machen. Also mit der Ruhe.

4. *Wat fott es, es fott.* (Was weg ist, ist weg.)

Übertragen: Trauer den Dingen nicht nach.

5. *Et bliev nix, wie et wor.* (Es bleibt nichts, wie es war.)

Übertragen: Sei offen für Neuerungen.

6. *Kenne mer nit, bruche mer nit, fott domet.* (Kennen wir nicht, brauchen wir nicht, fort damit.)

Übertragen: Sei kritisch, wenn Neuerungen überhandnehmen.

7. *Wat wells de maache?* (Was willst du machen?)

Übertragen: Füg dich in dein Schicksal.

8. *Maach et joot, ävver nit zo off.* (Mach es gut, aber nicht zu oft.)

Übertragen: Achte auf deine Gesundheit.

9. *Wat soll dä Kwatsch?* (Was soll der Quatsch?)

Übertragen: Stell immer die Universalfrage.

10. *Drinks de ejne met?* (Trinkst du einen mit?)

Übertragen: Komm dem Gebot der Gastfreundschaft nach.

On top:

11. *Do laachs de disch kapott.* (Da lachst du dich kaputt.)

Übertragen: Bewahr dir eine gesunde Einstellung zum Humor.

3 KÖLSCH IST EINE SCHÖNE SPRACHE

FALLS MAN SIE VERSTEHT

Es lässt sich nicht mehr vermeiden. Ulla lebt in Köln, hat sich in Stefans Wohnung breit gemacht und wird auf absehbare Zeit hier wohnen bleiben. Kurz: Es gibt keine Ausrede, warum sie nicht seine Familie kennenlernen sollte. So sehen das auch Stefan und die Seinen. Sie haben Ulla am Samstag zum Grillabend in ihrem Garten eingeladen. Natürlich nicht sie allein, Stefan kommt selbstverständlich mit. Aber Anlass der Einladung ist, dass sie endlich Stefans Neue sehen wollen. Wie Ulla so etwas hasst! Vermutlich wird sie mit den alten Freundinnen von Stefan verglichen werden. Man wird ihr Geschichten erzählen, die sie nicht hören will, und am Ende werden die Eltern sie nicht mögen.

»Unsinn«, versichert Stefan. Seine Familie hat zwar mehr Macken als der Kölner Dom Steine, aber sie werden Ulla mögen. Weil auch sie einen Knall hat. Das sagt Stefan so zwar nicht, denkt es aber – jedenfalls unterstellt Ulla ihm das.

Man kann es drehen und wenden, wie man will. Es wird Samstag, der Abend naht, und Ulla kommt aus der Einladung nicht mehr raus. Sich krank zu stellen ist keine Option, Stefan würde ihr nicht glauben. Zu viel Arbeit hat sie auch nicht, und sich ewig drücken macht die Sache am Ende nur noch peinlicher. Also Augen zu und durch? Yes. Augen zu und durch!

Auf der Fahrt über die **Zoobrücke** auf die andere Rheinseite – Stefans Eltern wohnen in **Dellbrück** – geht Ulla in Gedanken noch mal durch, was Stefan ihr von seiner Familie erzählt hat. Vater Willi und Mutter Heike. Er im Vorruhestand, sie Verkäuferin im Ökosupermarkt. Beide aktiv im Karneval. Willi sitzt bei Sitzungen sogar im Elferrat, was wohl was ganz Wichtiges ist. Ulla kennt sich da nicht aus, mit Karneval hat sie eigentlich nichts am Hut. Mutter Heike soll für ihre selbst genähten Karnevalskostüme berühmt sein. Für Stefan hat sie mal ein *Fluch-der-Karibik*-Kostüm geschneidert! Stefans Schwester Marie ist sogar die Vorsitzende des Karnevalsvereins. Ihr Freund Tobias Tanzmajor – was auch immer das ist – der Dellbrücker Nasenbären – was auch immer das ist.

Laut Stefan ist das eine (Tanzmajor) was Gutes und das andere (die Nasenbären) eine beliebte und erfolgreiche Tanztruppe im Kölner Karneval. Egal, über solche Details kann sich Ulla gerade keine Gedanken machen. Bei ihr dreht sich im Kopf alles um die Frage: Wird Stefans Familie sie mögen?

In Dellbrück angekommen, geht es gleich über den Nebeneingang in den Garten. Die Holzkohle glimmt bereits und verströmt einen vielversprechenden Geruch. Der Garten ist schön, der Tisch gedeckt, und Vater Willi kommt mit Mutter Heike auch schon auf Stefan und Ulla zu.

Willi reicht Ulla die Hand: »*Ich ben dä Willi.*« (Ich bin der Willi) Und zu Stefan: »*Jung, dä häs de dir ävver a lecker Mädche aanjelaach.*« (Junge, da hast du dir aber ein hübsches Mädchen angelacht.)

»*What???*« Ulla versteht kein Wort.

Überrascht sieht sie zu Stefan, als der antwortet: »*Bap, wat häs do dann jedaach.*« (Papa, was hast du denn gedacht.)

Dann mischt sich auch noch Heike ein: »*Jetz maach ävver ens ne Punkt. Dat ärm Dier kan uns doch nit verstohn.*« (Jetzt mach aber mal einen Punkt. Das arme Mädchen kann uns doch gar nicht verstehen.)

Ulla nimmt Stefan beiseite. »Wieso hast du mir nicht gesagt, dass deine Familie Migrationshintergrund hat?«

Leck mich en de Täsch, wat für 'n Malör

Auch wenn Ulla Stefans Familie nicht verstanden hat, so sind sie mindestens in neunter Generation Kölner*innen und sprechen deshalb eben die typische Mundart, die kölsche *Sproch* oder einfach Kölsch genannt. Alle gebürtigen Kölner*innen, zumindest die, deren Familien schon länger in Köln verwurzelt sind, verstehen Kölsch. Fast jeder spricht es oder, besser gesagt, könnte es noch sprechen. Im beruflichen Alltag empfiehlt es sich allerdings, hochdeutsch zu reden, es sei denn, man hat ausschließlich Kund*innen aus der Kölner Region, arbeitet hauptberuflich für den Kölner Karneval oder will sich als Politiker*in volksnah geben. Letztere werden womöglich nur ein paar authentisch kölsche Begriffe einfließen lassen. Vielleicht mit dem erklärenden Nebensatz »Wie man bei mir in der Heimat sagt«, oder man beschränkt sich auf eine rheinische Sprachmelodie, die Einheimische sofort erkennen und die Sprechenden als Ihrige identifizieren. Für alle anderen ist in Zeiten fortschreitender Globalisierung davon abzuraten, in das kölsche Sprachidiom zu wechseln – man versteht sie einfach nicht. Umgekehrt ist es kein Problem: Wer Kölsch spricht, versteht auch Hochdeutsch.

Unentschuldbar ist es aber, als Immi Kölsch zu reden. Das geht immer in die Hose und könnte dazu führen, dass man nicht mehr zu Festivitäten eingeladen wird. Nichts schmerzt Kölner*innen mehr als falsches Kölsch.

Schwaadschnüss

Kölsch ist keine eigene Sprache, es ist nicht einmal ein eigenständiger Dialekt, es ist eine Klangfarbe des Rheinischen. Kölsch wird in Köln und leicht variiert auch im Umland gesprochen. In der Regel hört man auf der Straße und in den Gaststätten anstelle der original Kölner Mundart eine Art Kölsch light, einen abgemilderten rheinischen Regiolekt. Das ist ein mit kölscher Sprachmelodie gesprochenes Hochdeutsch, in das authentische kölsche Begriffe eingesprenkelt werden. Außenstehende empfinden es bereits als Fremdsprache. Für die Kölner*innen ist es nur ein freundliches Entgegenkommen für diejenigen, die nicht mit so einem schönen Regiolekt gesegnet sind.

Die Sprachwissenschaft zählt das Rheinische unter den Regiolekten auf und unterteilt es in vier Kategorien:

- Das Moselfränkische: Man trifft es im Süden des Rheinlands von der Mosel bis etwa Siegen.
- Das Ripuarische: Das spricht man in Köln, auch im Osten von etwa Siegen bis in den Westen bei Aachen.
- Das Südniederfränkische (zusammen mit dem Südrheinmaasländischen, Südlimburgischen oder Limburgischen): Es fängt im Westen nördlich von Aachen an, geht über Krefeld, Neuss und Remscheid bis nahe von Wuppertal im Osten.
- Das Kleverländische oder Niederfränkische: Es beginnt bei Kleve und Venlo bis Wesel und Duisburg, Mülheim an der Ruhr bis Wuppertal.

Richtiges Kölsch ist eine Herausforderung für alle Außenstehenden. Nicht-Kölner*innen werden bei älteren Alben der kölschsprachigen Band BAP (»Papa«) schnell an ihre Grenzen kommen.

Selbst innerhalb Kölns werden unterschiedliche Varianten Kölsch gesprochen. Das Kölsch aus einem Arbeiterviertel wie Niehl, Ehrenfeld oder Kalk unterscheidet sich stark vom dem eines eher bürgerlichen Vororts wie Dellbrück. Die einen sprechen eher derb, die anderen karnevalistisch.

Typische Eigenheiten der kölschen *Sproch*: Es *jibt*, ähm, gibt kein »g«. In der *Rejel* (Regel) wird es zu »j«. Dazu wird der folgende Vokal gedehnt. So haben die Kölner*innen nicht gedacht, sie haben *jedaach*. Sie kennen auch keine »ch«-Laute, sondern ersetzen sie kurzerhand mit einem breit ausgesprochenen »sch«. Also: *»Jib mir mal dä Milsch.«* (Gib mir mal die Milch.)

Anders als im Hochdeutschen kennt der Rheinländer das, was im Englischen als Continuous-Form, also Verlaufsform, bezeichnet wird. Auf der Insel sagte man schon vor dem Brexit *»I'm making love«*. Die Kölner*innen sagen zwar nicht »Ich bin am Liebe machen«, aber »Ich bin am Autowaschen« ist absolut geläufig. Kommt man in ganz urkölsche Gefilde, könnte einem auch ein »Ich bin am Auto am waschen« begegnen.

Auch grammatikalisch gibt es Unterschiede zum Hochdeutschen. Wichtig: Der Genitiv existiert praktisch nicht und wird konsequent durch den Dativ ersetzt. Also nicht: »Das ist Peters Fahrrad«, sondern: *»Dat is dem Pitter sing Fahrrad«*.

4 IST DAS KUNST

ODER KANN DAS WEG?

Samstagmorgen. Sonne strahlt Ulla ins Gesicht. Sie blinzelt, will nicht wach werden, fühlt sich zu wohl in ihren letzten Traumfasern. Langsam hebt sie die Lider, hört ein sanftes Schnarchen an ihrem Ohr, und die Erinnerung kehrt zurück: Sie braucht nicht mehr zu träumen, sie lebt ihren Traum. In Köln mit Stefan, ihrem Liebsten, der noch selig neben ihr schläft. Seine Eltern sind herzallerliebst. Vor der Begegnung mit ihnen hatte sie sich etwas gescheut. Aus Unsicherheit, vielleicht nicht gemocht zu werden. Dabei lag Stefan richtig, seine Eltern haben einen Knall, genauso wie Ulla einen hat. Das bringt sie zum Kichern und weckt Stefan.

Ein wenig später frühstücken die Verliebten am **Eigelstein**, direkt auf dem Platz, in einem schnuckeligen Eckcafé mit Blick auf die **Eigelsteintorburg**. Als sie aufbrechen, sieht Ulla eine Plastikeistüte, den Werbeaufsteller einer italienischen Gelateria. Ulla liebt Eis und bekommt von Stefan drei dicke Kugeln im Hörnchen spendiert.

TORE ZUR STADT

Der **Eigelstein** war eine ehemalige römische Heerstraße, die bis zum Niederrhein führte. Das **Eigelsteintor** gewährte Zugang durch die mittelalterliche Stadtmauer. 1180 erbaut und mit über sieben Kilometern Länge die größte Stadtbefestigung des Römischen Reiches Deutscher Nation. Neben dem **Severinstor** und dem **Hahnentor** ist es das einzig verbliebene Stadttor. Zum Tor gehörte auch die damalige Festung. Rundherum hatten sich im Mittelalter viele Handwerksbetriebe niedergelassen, heute prägen Restaurants, Cafés und Kneipen das Bild.

Eis schleckend spazieren die beiden den Eigelstein entlang. Eine belebte, bunt durchmischte Straße. Alteingesessene Läden in friedlicher Koexistenz mit türkischen und asiatischen Geschäften. An einer Straßenecke tummeln sich zwei große Stadtführungsgruppen. Statt ihren Fokus auf die gewaltige Eigelsteintorburg zu richten, starren die Leute gebannt auf eine unspektakuläre Hauszeile.

EIGELSTEIN 115

Genauer gesagt bewundern sie das 30 Meter lange, aber nur zweieinhalb Meter breite schmalste Haus Kölns. Es hat keine eigenen Seitenmauern, sondern nutzt die der Nachbarhäuser. Licht gelangt über die Glasfront ins Haus. Unter der Vorgabe, Baulücken zu schließen, wurde es 1997 gebaut und bekam seither viele Architekturauszeichnungen.

Beeindruckt und mit offenen Augen folgt Ulla Stefan. Sie passieren den Hauptbahnhof, den Kölner Dom und schlendern durch die direkt angrenzende Shoppingmeile **Hohe Straße**, die auf die viel breitere und weitläufigere **Schildergasse** stößt. Doch hier wie dort quetschen sich unzählige Menschen durch die Fußgängerzone. Ulla liebt das. Leben pur. Stefan hat es nicht so mit Gedränge, aber nimmt es für Ulla hin, denn irgendwann ist jede Einkaufsmeile zu Ende. In Köln am zentralen Platz, dem **Neumarkt**.

Während Stefan überlegt, wo sie einen Kaffee trinken, grinst Ulla: »Kein Kaffee, bitte ein Eis aus der Eisdiele mit der coolen Werbung.« Aufmerksam hat sie die Umgebung gescannt und hoch oben auf der Ecke des Dachs der Neumarkt-Galerie eine überdimensionale Eistüte entdeckt: wie aus dem Himmel gefallen und auf der Eiskugel gelandet, die bereits zu schmelzen beginnt.

Leck mich en de Täsch, wat für 'n Malör

Die Eistüte ist allerdings keine Werbeaktion, sondern Kunst! Und zwar vom Künstlerehepaar Coosje van Bruggen und Claes Oldenburg. Die **Dropped Cone** ist über 12 Meter hoch, fast sechs Meter breit und ungefähr drei Tonnen schwer. Ihr Material: rostfreier Stahl, faserverstärktes Plastik, Balsaholz und Gelfarbe.

Die Neumarkt-Galerie hatte die Künstler beauftragt, eine Skulptur zu kreieren. Die vielen Kirchen in Köln mit ihren spitzen Türmen, inklusive des Doms, animierten sie zur Cone, der Eistüte mit ihrem spitzen Ende. Außerdem sind die Buchstaben Cone im Wort Cologne enthalten. Das sogenannte *large-scale project* kam auf das Dach: einerseits weil die Straßen zu voll waren, andererseits weil hoch oben der architektonische Charakter der Dropped Cone so richtig zur Geltung kam. Als Symbol für Konsum, aber auch für Vergänglichkeit, ist das Kunstwerk am Neumarkt mit Blick auf die Shoppingmeile genau richtig.

Schwaadschnüss

Kunst im öffentlichen Raum gehört zur Kunststadt Köln wie die Eiskugel ins Hörnchen oder die Banane an die Hauswand. Mitte der 1980er Jahre sprühte Bananensprayer Thomas Baumgärtel seine erste Banane an einen sogenannten Kunstort. Das waren Galerien, Museen etc. Doch ohne Einverständnis der Hauseigentümer*innen war das eine illegale Aktion. 1989 wurde Sprayer Baumgärtel am Museum Ludwig verhaftet. Ironie der Geschichte: Jahre später bat ihn der Museumsleiter höchstselbst um eine gesprühte Banane.

Denn die war längst zu Ruhm gelangt, und nur bananisierte Kunstorte galten als geadelte, wahre Kunstorte. Aber warum ausgerechnet eine Banane? Weil sie Obst ist und Obst bestens zeigt, dass das Leben sich permanent ändert. Man kann dem Verfall einer Banane quasi zusehen. Gesprüht auf Hauswände, wird die Banane Teil des öffentlichen Lebens und damit Kunst.

Und weil Köln es gern groß mag, kommt auch die **Weltkugel** des Aktions- und Umweltkünstlers HA Schult groß daher. Seit dem Jahr 2000 thront sie auf dem Dach einer Versicherung. Die Skulptur ist aus Stahl und zeigt mit bunt illuminiertem Neonlicht die Kontinente. Auf dieser Konstruktion balanciert eine überdimensionale Figur. Seit 1996 ruht das goldene **Flügelauto** desselben Künstlers auf dem Dach des **Kölnischen Stadtmuseums** und symbolisiert den Fetisch Auto.

Spektakulär, doch kaum beachtet, ragt seit 1993 der rote **Steel Watercolor Triangle Ring**, eine abstrakte Stahlskulptur, meterhoch auf dem **Barbarossaplatz**. Geschaffen hat sie der amerikanische Neokonstruktivist Fletcher Benton.

Leider auch im Schatten liegt **Licht und Bewegung** von Otto Piene. Das Kunstwerk wurde bereits 1966 an einer Kaufhauswand installiert. Allerdings mitten in der dauervollen Einkaufszone **Hohe Straße**. Da kommt von selbst kein Mensch auf die Idee, den Hans-guck-in-die-Luft zu spielen. Auf unterschiedlich langen Aluminiumstäben ragen Aluminiumkugeln wie Sonnenstrahlen auf der Wand. Früher bewegte sich das Kunstwerk. Jeweils 59 Sekunden lang, unterbrochen von siebenminütigen Pausen, um dann von vorne loszulegen.

In fast wörtlichem Sinn geht ein weiteres Werk des Künstlers unter. **Star Pit** aus dem Jahr 1992 ist eine Brunnenanlage im Kölner **Mediapark** und konzipiert wie ein römisches Amphitheater: An den Stufen zum Wasser sind Lichtschienen angebracht. Das Wasser läuft dank Umwälztechnik in einem ewigen Kreislauf aus den beleuchteten Poren eines stählernen Würfels in der Mitte der Anlage. Leider, wie bei vielen Kölner Brunnen, gehen auch bei diesem immer wieder Wasser und Licht aus.

5 SERVICE RUSTIKAL

ODER: LEG DICH NICHT MIT DEM KÖBES AN

Stefan arbeitet, Ulla ist allein zu Hause – also in Stefans Zuhause. Denn so fühlt es sich an. Nicht wegen Stefan, ganz im Gegenteil. Er will, dass sie seine Wohnung zu ihrer macht. Aber sie ist auf Probe hier. Ein Jahr hat sie sich gegeben, um herauszufinden, ob Köln ihre neue Heimat werden kann. Dass sie bereits jetzt hadert, erschreckt sie. Sie wohnt gerade mal zwei Wochen hier. In Köln, einer der aufregendsten Städte Deutschlands, ach, der ganzen Welt. Und sie ist endlich mit ihrem Liebsten zusammen. Ein Dauergrinsen wäre angebracht.

Stattdessen quält Ulla ein unbestimmtes, melancholisches Gefühl. Schluss jetzt, ruft sie sich innerlich entschlossen zu. Genug Trübsal geblasen. Raus aus dem Haus, rein in die Stadt und in das pralle Leben. Erst mal einen Kaffee trinken. Auf dem **Ebertplatz**. Ulla freut sich auf das Rauschen des Brunnenwassers, auf die jauchzenden Kinder und das bunte Treiben. Doch welche Enttäuschung. Das **Platz-Café** hat noch geschlossen. Keine Kinder, kein Treiben. Ulla ist die Einzige, die verweilen möchte. Hier und da hasten Passant*innen über den Platz. Selbst die Drogendealer*innen scheinen

..ocn zu schlafen. Dann wird es laut, und die Stadtreinigung fährt vor und vertreibt Ulla.

Frust steigt in ihr auf. Es ist wie verhext. So sehr sie sich bemüht, der Tag will einfach nicht schön werden. Aber so schnell gibt sie nicht auf, sagt sich Ulla und peilt die Innenstadt an. Sie braucht dringend einen Kaffee, und auf dem Weg passiert sie ein Brauhaus. Na, wer sagt's denn, es hat geöffnet. Also nichts wie rein und quasi in einem Abwasch Kölner Kultur mitnehmen. Die Stadt ist schließlich für ihre Brauhäuser berühmt.

KÖLSCHER JAKOBSWEG

... so berühmt, dass es hier seit 1997 sogar einen **Brauhauswanderweg** gibt. Wer ihn wandern will, hat zwei Möglichkeiten. Man meldet sich für eine geführte Tour an, oder man folgt den Schildern.

Der Kölner Brauhauswanderweg wurde – logisch – von einem Bierbrauer gegründet. Der Mann hieß Hans Sion, und sein Brauhaus Sion gibt es seit 1318. Kölsch braute man damals noch nicht, sondern das sogenannte Medebier. Es bestand aus Getreide, Kräutern, Malzextrakt und Honig.

Ab 1396 ging es dann aber mit dem Kölsch los. Die Bierbrauer in Köln schlossen sich zusammen und legten fest, was ein richtiges Kölsch sein soll: gebraut aus Hopfen, Malz und Wasser. Hochvergoren und hopfenbetont.

Wer nun denkt, der Brauhauswanderweg sei zum Kölschtrinken erfunden worden, liegt falsch. Zwar nicht ganz falsch: Natürlich soll auch der Konsum des Hopfensprudels angeheizt werden. Aber eigentlich geht es um die historischen Sehenswürdigkeiten, die man auf der Strecke passiert. Zum Beispiel die **Römerstraße**, ein Teilstück der römischen **Via Agrippa**, oder die romanische Kirche **Sankt Andreas**. Der Kölner Dom und das Rathaus sind auch dabei. Aufgetankt und zugehört wird in den Brauhäusern, denn jedes Brauhaus hat sein ganz eigenes Kölsch und seine ganz eigene Geschichte.

Kaum hat sich Ulla an den hellsten Platz im dunklen Brauhaus gesetzt, steht auch schon ein Bier vor ihr. Und schwupp ist der Kellner wieder verschwunden. Hat der Mann sie verwechselt? Ulla schaut sich um. Alle Gäste haben Biergläser vor sich stehen. Manche haben auch was zu essen.

Ein Gedanke steigt in Ulla auf. Möglicherweise gibt es in Kölner Brauhäusern nur Bier zu trinken? Möglicherweise gehört das zu den Besonderheiten der hiesigen Brauhauskultur?

Ein kurzer Blick auf die Karte zeigt das Gegenteil: Es gibt auch andere Getränke. Sogar einen Kaffee, den sie eigentlich wollte. Aber nun steht das Bierglas vor ihr. Es ist klein, und Ulla hat Durst. Also nicht lang schnacken, Kopf in den Nacken, wie Ulla aus ihrer norddeutschen Heimat weiß, und runter mit dem Gesöff. Hmmm. Wie gut das tut. Das Kölner Bier ist kalt, frisch und – süffig. Denkt sich wohl auch die Bedienung. Kaum hat Ulla ihr Glas auf dem Tisch abgestellt, steht das nächste vor ihr. Und der Kellner ist bereits entschwunden. Ob er auf die Art seinen Umsatz heben will? Oder hat er einfach Gedächtnisprobleme? Ist ja nicht mehr der Jüngste, der Mann.

Was auch immer dahintersteckt: Das Bier, das hier Kölsch heißt, schmeckt. Ulla muss plötzlich an ihren Vater denken und lachen. Für ihn wäre das Kölsch Plörre oder Mädchenbier. Harmlos und gefällig. Er trinkt Pils. Pils mag Ulla überhaupt nicht. Viel zu bitter. An Kölsch dagegen könnte sie sich glatt gewöhnen. Sogar ihre sentimentale Stimmung ist verflogen.

Obwohl in ihrem Glas noch Kölsch ist – zwei Finger breit, mindestens – will der Kellner es durch ein Frisches austauschen. Diesmal ist Ulla auf der Hut. Höflich, aber deutlich macht sie ihm klar, dass jetzt Schluss ist, und fügt ironisch hinzu, dass es außerdem ganz clever wäre, die Gäste nach ihren Wünschen zu fragen.

Leck mich en de Täsch, wat für 'n Malör

Oje. Schlimmer hätte es kaum kommen können. Ulla hat so ziemlich alles falsch gemacht, was man in einem Kölner Brauhaus falsch machen kann. Kölsch trinken ist hier nämlich quasi Pflicht. Deshalb geht man ja in ein Brauhaus.

Die Bedienung hat den Kölschstand im Glas immer im Blick. Das Glas heißt hier übrigens wegen seiner schmalen, länglichen Form *Stange*. Dass es von Touris und Immis gern mit einem Reagenzglas verglichen wird, liegt an seiner Optik und dem überschaubaren Fassungsvermögen von 0,2 Litern. Nicht aus Geiz, sondern damit das Kölsch im Glas immer frisch ist. Kölsch hat wenig CO2. In gewöhnlich großen Biergläsern würde es deshalb schnell schal werden.

Aber nicht nur deshalb wird es zügig genossen. Es schmeckt einfach. Weil sich Kölsch-*Stangen* schnell leeren und der Nachschub fließen muss, sind die Bedienungen immer auf Zack. So schnell kann man gar nicht trinken, da steht die nächste *Stange* schon auf dem Tisch. Etwas langsamer wird es vielleicht, wenn der Laden rappelvoll ist. Also ab frühem Abend in jedem Brauhaus. Aber selbst dann dauert es kaum fünf Minuten, bis man sich mit einem frischen Kölsch zuprosten kann. Wer genug hat, legt den Bierdeckel auf die Stange. Der Kellner, der im Kölner Brauhaus *Köbes* genannt wird, weiß sofort Bescheid und stellt den Nachschub ein.

Dass man einem *Köbes* nicht widerspricht, muss Ulla noch lernen. Auch dass man nicht versuchen sollte, witzig zu sein, also witziger als der *Köbes*. Absolutes No-Go: ein anderes Getränk als Kölsch zu bestellen. Zum Beispiel: ein Wasser. *»Bruchste och Seife?«* (Brauchst du auch Seife?), könnte man da schon mal zu hören kriegen. Ähnliches gilt für eine Tasse Tee: *»Da gehste am beste gägenüvver. Do es en Appetek.«* (Da gehst du besser gegenüber in die Apotheke.)

Für diese Sprüche werden die *Köbesse* geliebt. Ein *Köbes* ist im Brauhaus das Salz *»en dä Zupp«* (in der Suppe). Schlagfertigkeit gehört quasi zu deren Jobbeschreibung. Doch wer wie Ulla ahnungslos ein Brauhaus besucht, der könnte schon einen kleinen Kulturschock erleiden.

Schwaadschnüss

Was es mit den *Köbessen* auf sich hat, ist nicht wirklich gesichert. Da kursieren verschiedene Versionen. Vermutlich handelte es sich um frühere Brauerburschen oder auf Kölsch: *Brauers-Pooschte*. Tagsüber verrichteten sie einfache Tätigkeiten in der Brauerei, abends bedienten sie im Brauhaus.

Nach einer anderen Version waren die *Köbesse* Pilger, die vom **Jakobsweg** zurückkehrten. In den Brauhäusern erzählten sie von ihren Erlebnissen und bedienten dabei die Gäste. Sie mussten schließlich Geld für ihre nächste Pilgerreise verdienen. Umso besser ihr *Verzäll* (Geschichten), umso besser ihr Trinkgeld.

Das Wort *Köbes* bedeutet eigentlich Jakob. Vielleicht hieß der erste Köbes tatsächlich Jakob mit Vornamen. Voraussetzung für den Beruf war und ist der Name aber nicht. Heute gibt es Ahmeds, Peters, Juans ... und Barbaras, Miriams ... Ganz richtig. *Köbes* ist zwar traditionell ein Männerberuf, doch auch hier hat sich die Emanzipation durchgesetzt. Der weibliche *Köbes* heißt *Köbin*.

Sie tragen bis heute ihr fast originales *Köbes*-Outfit. Damals waren es blaue Strickjacken, blaue Leinenschürzen und eine Geldtasche, die sie um den Bauch geschnallt hatten. Heute wurden nur die Strickjacken durch weiße oder hellblaue kurzärmelige Hemden ersetzt.

Nach dem Kölner Mundartdichter Peter Berchem ist der Köbes: *»Fründlich, maneerlich, vor allem grundehrlich un immer fidel: Ne prächtige Kääl!«* (Freundlich, manierlich, vor allem grundehrlich und immer fidel: ein prächtiger Kerl!) Ein Kerl, der übrigens ein üppiges Trinkgeld zu würdigen weiß, ein mickriges ebenso. Das möchte man aber lieber nicht erleben.

6 EIN HALBES HÄHNCHEN BITTE

ODER: ALLES KÄSE IN KÖLN

Kaum ist Stefan von der Arbeit zurück, platzt es aus Ulla auch schon heraus. Wie sie einem frechen Brauhauskellner die Meinung gesagt hat. Während sie redet, breitet sich auf Stefans Gesicht ein Grinsen aus. Hallo? Was gibt es denn da zu lachen?

Statt es Ulla zu erklären, will er es ihr lieber zeigen. Direkt vor Ort in einem Brauhaus. Schließlich haben sie beide auch noch nicht gegessen, und so kann man zwei, wenn nicht drei Fliegen mit einer Klappe schlagen. Ulla erfährt Kölner Brauchtum, sättigt ihren Hunger und lernt die typisch kölsche Küche kennen. Da sagt sie nicht nein.

FUTTERN WIE BEI MUTTERN

Die Kölner*innen sind im Grund ihres Wesens einfache, liebenswerte Zeitgenoss*innen mit Sinn für – durchaus auch deftigen – Humor. Wie der Mensch, so sein kulinarischer Geschmack. Die

Kölner*innen mögen es geradeheraus, ohne viel Schnickschnack. Regional direkt vom Bauern oder von den Märkten kommen landwirtschaftliche Produkte wie Gemüse, Milch, Butter, Käse, Eier, Fleisch auf den Tisch.

Aber auch Fisch findet sich in den hiesigen Küchen. Zum Beispiel Seefisch wie MatJes bzw. Hering und gerne auch Muscheln, also Miesmuscheln in Weißwein mit Suppengemüse gekocht, klassisch rheinisch mit Schwarzbrot und Butter serviert. Das liegt an der Nähe zur niederländischen Küste. Aber auch Väterchen Rhein spielt seine Rolle. Vor der Industrialisierung wurden viele Süßwasserfischarten im Rhein gefangen. Geangelt wird auch heute noch in Kölle. Doch nur im Hobbybereich. Aale, Barben, Barsche, Karpfen, Zander und einige mehr soll es geben.

Der Rhein hat auch noch aus einem anderen Grund für Kölns kulinarische Bedeutung gesorgt. Seit dem Mittelalter war die Stadt im Besitz des **Stapelrechts**. Alle Schiffe, die Köln passierten, mussten hier anlegen und ihre Waren für eine bestimmte Zeit abladen und stapeln. Die Bevölkerung durfte die Waren kaufen. Bereits damals wurde genau hier der Trend zur Fusionsküche gelegt. Fremde Kocheinflüsse hielten Einzug in Kölner Küchen.

Erst mal aus der Nachbarschaft, die Niederlande waren nah. Von dort schwappten die Heringe herüber: geräuchert oder eingelegt wie der Matjes-Hering, der Heringsstipp oder Hering nach Hausfrauenart, ein in Sahne eingelegter Hering.

Aus Westfalen übernahm man die deftige Zubereitungsart, aus dem Bergischen Land Backwaren und die sogenannte Bergische Kaffeetafel. Da kommen süße und herzhafte Speisen auf den Tisch: Schwarz- und Graubrot, Hefeblatz, süße Aufstriche, Wurst und Schinken. Ein absolutes Muss: Bergische Waffeln mit heißen Kirschen und Sahne. Getrunken wird natürlich Kaffee und zum Abschluss gern noch ein Korn.

Was viele vielleicht auch nicht wissen: Das älteste erhaltene römische Kochbuch aus dem 3. oder 4. Jahrhundert wurde hier geschrieben. Also mitgeschrieben. Denn Marcus Gavius Apicius, einer der mutmaßlichen Autoren, lebte im heutigen Köln. Das Buch heißt *De re coquinaria*. Und für alle Nicht-Lateiner die Übersetzung: »Über die Kochkunst.« Apicius selbst steuerte typische Gerichte aus Köln und dem Umland bei.

Gesagt und schon getan. Anders als am Vormittag ist das Brauhaus jetzt rappelvoll. Der Lärmpegel pendelt im mittleren Hörschadenbereich. Logisch, die vielen Leute an den großen Tischen wollen ja nicht nur trinken und essen, sondern sich auch unterhalten. Und das geht nur, wenn sie sich verstehen. Entsprechend laut reden oder, besser gesagt, schreien sie sich an.

Ulla liebt es. Die Atmosphäre brodelt. Ein Gewusel sondergleichen. Bunt gemischt das Publikum. Jung und Alt, arm und reich, Touris, Immis und Kölner*innen. Dazwischen wirbeln *Köbesse* mit ihren Tabletts. Die Tabletts heißen hier *Kränze*, weil sie kranzrund sind. Meistens aus Kunststoff mit eingestanzten Öffnungen, passend jeweils für ein Kölschglas.

Obwohl das Brauhaus riesig ist, bezweifelt Ulla, dass sie einen Platz finden werden, sonst würden die vielen Leute hier doch nicht Kölsch trinkend rumstehen. Doch Stefan marschiert bereits zuversichtlich vornweg. Es geht vom Schankbereich in den ersten Gastbereich, um eine Ecke in den nächsten und so weiter. Ein freier Tisch? Weit und breit nicht in Sicht. Aber Stefan scheint das Offensichtliche nicht wahrhaben zu wollen. Suchend blickt er sich um. Was Ulla nicht weiß: Er sucht keinen freien Tisch, sondern ein freies Fleckchen an einem besetzten Tisch. Aber selbst da ist es eng.

Jetzt kommt der *Köbes* ins Spiel. Er nimmt Stefan und Ulla ins Visier, hebt zwei Finger, und auf Stefans Nicken bedeutet er ihnen: Folgt mir. Nicht lange fackeln. Der *Köbes* eilt beherzten Schrittes durch die engen Stuhlreihen, bleibt an einem voll besetzten Tisch stehen und ruft: »*Levve Lück. Ovends danze und springe und morjends de Botz net finge.*« (Abends tanzen und springen und morgens die Hose nicht finden.) Eine kölsche Aufforderung, dass es höchste Zeit ist, den Platz zu räumen. Die Gäste lachen schallend und erheben sich. Bezahlt beim *Köbes* haben sie bereits, denn sie wollten wirklich gehen.

Ulla und Stefan setzen sich und haben auch schon ein frisches Kölsch vor sich stehen. Ulla blättert in der Speisekarte. Hier, das ahnt Ulla schon, heißt sie natürlich nicht Speisekarte, sondern: *Kölsche Fooderkaart.* Ulla hat Bärenhunger. Bären gibt es nicht, aber der *Halve Hahn* reizt sie.

»Wirklich?«, hakt Stefan nach.

Ulla weiß selbst, dass Fettiges, besonders am Abend, schwer im Magen liegt. Trotzdem: Sie hat Heißhunger auf ein halbes Hähnchen.

Leck mich en de Täsch, wat für 'n Malör

Nur leider bekommt Ulla kein halbes Brathähnchen, sondern ein dunkles Roggenbrötchen, was in Köln unter *Röggelchen* läuft, eine dicke Scheibe mittelalten Gouda, Zwiebelringe, Butter und Senf.

Wieso der *Halve Hahn Halve Hahn* heißt, weiß man nicht genau. Aber wie immer in Köln kursieren dazu diverse Legenden.

Eine geht so: Auf einer Hochzeit in einem Wirtshaus sollten alle Gäste ein halbes Brathähnchen bekommen. Nur leider hatte sich der Gastgeber mit den Kosten übernommen, was ihm immerhin frühzeitig auffiel. Er bat den Wirt um eine Alternative. Das Budget reichte allerdings nur für Käsebrötchen. So gab es statt der halben Hähnchen Käsebrötchen. Die wurden kurzerhand *Halver Hahn* genannt.

Nach einer anderen Legende servierte ein Wirt seinem Gast ein ganzes Roggenbrötchen mit Käse, woraufhin der Gast sagte: »*Ääver isch will doch bloß ne halve han.*« (Aber ich möchte doch bloß ein halbes haben.) Der Wirt teilte das Roggenbrötchen und taufte das Gericht: *Halve Hahn.*

Eine dritte Version kommt aus der Kriegszeit. Käse war damals billig, Brot teuer. Deshalb hörten die Wirte oft: »*Kann ich och ne halve han?*« (Kann ich auch ein halbes haben?)

Schwaadschnüss

Natürlich hat die kölsche *Fooderkaart* nicht nur den *Halven Hahn* zu bieten. Typisches Kennzeichen der Spezialitäten: angeberische Bezeichnungen für simple Gerichte. Wie zum Beispiel beim Kölschen Kaviar. Mit echtem Kaviar hat der nämlich rein gar nichts zu tun. Noch nicht mal mit dem Kaviarersatz, Fischrogen. Kölscher Kaviar ist schlicht und einfach Blutwurst. Auf Kölsch nennt man die Blutwurst aber *Flönz* oder *Blotwoosch.* Serviert wird der Kaviar mit den bereits bekannten Beilagen: Röggelchen, Senf und Zwiebelringe. Auf Kölsch heißen die Beilagen: »*Röggelsche, Mostert un Musik.*« Musik steht für Zwiebel, auf Kölsch *Öllich.* Musik, weil sich nach dem *Öllich*-Verzehr Magen und Darm gern auf die eine oder andere Weise bemerkbar machen. Woher die Bezeichnung Kölscher Kaviar kommt? Das liegt im Auge der Betrachter*innen.

Auf der *Fooderkaart* darf nicht fehlen: *Himmel un Ääd* (Himmel und Erde). Das Gericht soll es bereits seit dem 18. Jahrhundert geben. Kross gebratene Blutwurstscheiben, geröstete Zwiebeln, Apfelmus und Kartoffelstampf. Wieso der Name? Ganz profan: Kartoffeln, die hier *Äädappel* heißen, also Erdapfel, kommen aus der Erde. Die Äpfel oder auf Kölsch *Appel,* vom Apfelmus, wachsen an Bäumen, also quasi am Himmel.

Auf jeder *Fooderkaart* steht außerdem der Rheinische Sauerbraten, auf Kölsch der *Soorbrode.* Sein Hauptbestandteil könnte allerdings auf Ablehnung stoßen. Das Fleisch stammt vom Pferd. Wegen der Vorbehalte vieler Menschen kochen die meisten Restaurants das Gericht aber aus Rindfleisch. Dabei passt Pferdefleisch mit seiner süßlichen Note optimal zum süß-säuerlichen Essen. Das Fleisch wird stundenlang geschmort. Dem Sud werden anschließend Rosinen und zerbröselte Aachener Printen beigefügt und alles mit Rübensaft, Salz und Pfeffer abgeschmeckt. Fertig. Als Beilage gibt es diesmal kein Röggelchen mit Senf und Zwiebeln, sondern Kartoffelklöße und Apfelmus.

Auch auf der *Fooderkaart*: Eisbein, auf Kölsch *Hämmche*. Das gepökelte Eisbein vom Ferkel wird gekocht und mit Sauerkraut, auf Kölsch *suure Kappes*, serviert. Der Name *Hämmche* kommt aus dem Englischen: *ham* für Schinken. Auf kölsche Lesart ist *ham* der große Schinken oder *jruße Schinke*, wie man hier sagt, und *Hämmche* der kleine Schinken oder *kleene Schinke*.

Last but not least auf der *Fooderkaart*: Reibekuchen, der *Rievkooche*. Liebste Beilage der Kölner*innen: Apfelmus und Schwarzbrot.

Übrigens: Weil die Kölner*innen große Enttäuschungen von Immis und Touris vermeiden wollen, haben die meisten *Fooderkaarten* eine hochdeutsche Übersetzung parat, bei Bedarf wird die englische Version ausgehändigt.

7 STOP AND GO

ABER DIESMAL ANDERSWO

Nach Ullas kulinarisch-kölscher Stippvisite, die mit ihrem dicken Fettnäpfchenplatscher und Stefans Schlaumeierei »Du wolltest ja nicht auf mich hören« endete, will Ulla den Spieß heute umdrehen. Oder wie es so schön heißt: Rache ist Blutwurst, in Köln natürlich: *Blotwoosch*.

Beim Frühstück kippt Stefan noch den Kaffee herunter, schnappt sich Jacke und Tasche und gibt Ulla einen Kuss. Er muss zur Arbeit, fährt heute mit dem Auto, weil er einen Außentermin hat.

»Wann bist du ungefähr wieder zu Hause?«, fragt Ulla.

Stefan zuckt mit den Achseln. »Wie immer. Wieso?«

Ulla lächelt verschmitzt und tut betont beiläufig, dass nichts Besonderes sei, außer dass sie für Stefan und sich zum Abendessen etwas zaubern möchte.

Stefan horcht überrascht auf. Er kennt Ullas Unlust am Kochen. »Gibt es einen besonderen Grund?«

Ulla schüttelt den Kopf. »Ich koch was aus meiner Heimat.«

Stefan lacht. »Hat dir unser *Halver Hahn* etwa nicht geschmeckt?«

»Ganz vorzüglich«, grinst Ulla und fügt foppend hinzu, »aber ist doch immer schön, mal über den eigenen Tellerrand zu schauen, oder?« Sie weiß, wie ungern sich Stefan auf Neues einlässt.

Er knufft und küsst sie und schnurrt: »Dann lass mich mal über deinen Tellerrand gucken, Süße. Ich bin pünktlich um halb sechs wieder hier. Was gibt es denn Leckeres?«

»Überraschung«, kichert Ulla vergnügt.

Kaum ist Stefan weg, sputet sie sich. Sie muss die Zutaten für den *Grönen Heini* kaufen. Den was? Ja, man glaubt es kaum, aber nicht nur in Köln gibt es Essen mit merkwürdigem Namen. Auch in Itzehoe kennt man das. Der *Gröne Heini* heißt auch *Beer'n, Boh'n un Speck, Gröön Hinnerk* oder einfach Birnen, Bohnen und Speck.

Ulla will Stefan mit dem Namen foppen. Das Essen selbst wird ihm schmecken. Das hat ihr der gestrige Ausflug ins Kölner Brauhaus gezeigt: Rheinländer*innen und Schleswig-Holsteiner*innen teilen gleiche Geschmacksvorlieben.

Das typisch holsteinische *brooken sööt* (herzhaft-süß) und das *söötsuur* (süßsauer) findet sich auch in der Kölner *Fooderkaart*, zum Beispiel beim Rheinischen Sauerbraten. Die Lust auf Deftiges und Fettiges gibt es hüben wie drüben, und hier wie dort trinkt man Bier und kippt im Anschluss Schnäpschen. In Itzehoe *'nen Lütten*, traditionell ein *Köm* (Kümmelschnaps), in Köln *'n Vügelche*, traditionell *Kabänes* (Kräuterlikör).

Ein paar Stunden später schleppt Ulla ihre Einkäufe in die Wohnung. Gar nicht so leicht, um nicht zu sagen unmöglich, die richtigen Zutaten für ihr nordisches Gericht zu bekommen. Die Kochbirnen, die nur gegart genießbar sind, hat sie nicht gefunden. Eigentlich kein Wunder. Die alten Sorten sind selten, und zudem ist jetzt, im Frühjahr, auch keine Birnenzeit. Handelsübliche, von irgendwoher importierte Birnen aus dem Supermarkt mussten es also tun. Im Supermarkt gab es auch grüne Brechbohnen. In der Metzgerei im Viertel bekam sie immerhin durchwachsenen, luftgetrockneten und -gelagerten Speck, so wie er sein soll. Das Essen zu kochen ist selbst für die passionierte Nicht-Köchin Ulla nicht allzu schwer. Alles in einen Topf, nur in der richtigen Reihenfolge: Speck, Bohnen und zu guter Letzt die Birnen.

Halb sechs. Der Tisch ist gedeckt, Bier und *Köm* im Eisfach und das Essen servierfertig. Ein letzter prüfender Blick in den Spiegel, schnell noch mal Lippenstift nachgezogen und perfekt. Fehlt nur noch das Tüpfelchen auf dem i: Stefan.

Die Zeit verrinnt. Für Ulla eine gefühlte Ewigkeit, in Wirklichkeit ein paar Minuten. Geduld war noch nie Ullas Stärke. Unruhig geht sie durch die Wohnung, sieht durch das Fenster auf die Straße, checkt das Essen.

Zwanzig vor sechs. Ob ihm was passiert ist?, drängt sich ein Gedanke in ihr Hirn. Vielleicht ein Unfall? Stefan hatte einen Außentermin, er fährt nicht so oft mit dem Auto, und der Verkehr in und um Köln ist schlimm.

Sie kennt die Stadt, lange bevor sie auch nur im Traum daran dachte, herzuziehen. Und zwar von den Staumeldungen aus dem Autoradio. Auf der A 1 zehn Kilometer Stau zwischen Kreuz Leverkusen-West und Kreuz Köln-West, stockender Verkehr auf der A 3, Köln–Frankfurt, zwischen Dreieck Köln-Heumar und Königsforst in beiden Richtungen. A 57, Krefeld–Köln, zwischen Köln-Chorweiler und Köln-Longerich stockender Verkehr in beiden Richtungen.

Seitdem sie in Köln ist, gewiss noch nicht lange, hat Ulla eins sehr schnell mitgekriegt: Nicht nur auf den Kölner Autobahnkreuzen staut es, sondern auch innerhalb Kölns heißt es Stop-and-go.

STADT DER RINGE

Typisch für Köln sind seine ringförmigen Hauptverkehrsachsen. Außen der Kölner Autobahnring. Dann kommen **Militärring**, **Gürtel**, **Innere Kanalstraße** und die **Ringe** in der Innenstadt. Letztere ziehen einen Halbkreis um die Altstadt.

Die Kölner Ringe untereilen sich in verschiedene Abschnitte: Ubierring, Karolingerring, Sachsenring, Salierring, Hohenstaufenring,

Habsburgerring, Hohenzollernring, Kaiser-Wilhelm-Ring, Hansaring und Theodor-Heuss-Ring.

1881 erwarb die Stadt Köln vom Kriegsministerium den inneren Befestigungsring, um diesen abzureißen. Zum einen brauchte man mehr Platz für die wachsende Bevölkerung, zum anderen wollte man sich dem eigenen Selbstbewusstsein entsprechend präsentieren. Und wie könnte es in Köln anders sein: mit Pomp und Pracht. Die Stadtoberen stellten sich einen großen Boulevard vor. So was gab es bereits in Paris und in Wien. Flugs schrieben sie einen Wettbewerb aus. Der Vorschlag König Rhein des Aachener Architektenduos Karl Henrici und Josef Stübben gewann und wurde als Basis der Stadtumgestaltung genommen. Stübben ernannte man zum Kölner Stadtbaumeister.

Die Ringe galten lange Zeit als die Prachtstraßen Kölns. Fast überall standen Baumreihen, teils sogar zwei- und dreireihig, auf dem erhöhten Mittelstreifen oder den Bürgersteigen. Zusätzliche parkähnliche Anlagen gab es auf dem Sachsenring, dem Kaiser-Wilhelm-Ring und dem damaligen Deutschen Ring (jetzt Theodor-Heuss-Ring).

Auf dem Kaiser-Wilhelm-Ring gewinnt man noch einen Eindruck der damaligen üppigen Schönheit des Boulevards: Springbrunnen, umsäumt von Wegen, Blumenrabatten und Bäumen ziehen sich entlang der Straße.

Und noch immer ist Stefan nicht zurück. Ullas Blick fällt auf ihr Handy. Sie überlegt, soll sie ihn anrufen? Er kommt ihr zuvor und meldet sich via Handy: »Ulla, sorry, bin noch am Ruhenden Verkehr. Komm aber bald.« Ulla seufzt. Sie hat es gewusst. Stefan steckt im Stau.

Leck mich en de Täsch, wat für 'n Malör

Da irrt Ulla. Stefan hat nicht »im« ruhenden Verkehr gesagt, sondern »am«. **Ruhender Verkehr** ist ein 15 Tonnen schweres Kunstwerk von Wolf Vostell, das seit 1989 auf dem Mittelstreifen des **Hohenzollernrings** steht.

Viel Verkehr ist hier tatsächlich, Stau inklusive. Ruhender Verkehr steht also goldrichtig. Genauso goldrichtig ist die Skulptur: ein einbetoniertes Auto, das als abstrakte Form eines Autos daherkommt. Von den Einheimischen wird Ruhender Verkehr gern als Standortangabe benutzt.

Und wenn das kölsche Fußballherz höher schlägt und der 1. FC Köln einen Titel gewinnt, dann wird die Skulptur zum Zentrum der Fans: flankiert vom Autokorso und besetzt von Feiernden. Übrigens auch von Fußballfans anderer Clubs und Nationen.

Schwaadschnüss

Bereits 1969 betonierte der Künstler Vostell seinen eigenen Opel Kapitän, Modell P 2,6, Baujahr 1960 nicht auf dem Hohenzollernring, sondern in der **Domstraße** ein. Er belegte zwei Parkplätze, ließ das Autoradio laufen und stellte später noch eine Parkuhr dazu. Da in der Kölner Innenstadt eklatanter Parkplatzmangel herrschte und noch immer herrscht, rief die Kunstaktion das Ordnungsamt auf den Plan. Es handele sich um unrechtmäßige Vernichtung von Parkraum. Die Skulptur müsse weg.

Und das passierte auch. Aus dem ruhenden wurde ein reisender Verkehr. Es ging 1974 für ein Jahr vor das Musée d'art moderne de la Ville de Paris, dann vor die Neue Nationalgalerie in Berlin. Doch eine Kölner Skulptur auf Dauer in der Fremde? Das kann nicht gut gehen. Sie kehrte in die Heimat zurück, aber musste auch hier erst mal reisen. Zuerst zur Kölner **Kunsthalle**, die war damals am **Josef-Haubrich-Hof**, dann auf den Hohenzollernring.

Und da findet man sie noch immer. Denn das Aktionskunstwerk ist heute moderner denn je. Es zeigt anschaulich, dass die Autos immer größer werden. Damals war die Skulptur unübersehbar. Heute geht der Betonklotz zwischen den SUVs nahezu unter.

8 ROT-WEISSES TRAUMA

ODER: WOHER DIE FARBEN KAMEN

Ulla ist nervös. Sie lernt heute Stefans Fußballkumpels kennen. Es sind seine ältesten und besten Freunde. Natürlich will sie sich supercool und lässig präsentieren, testet alle erdenklichen Kleidungsvarianten aus, um am Ende überfordert wieder in Jeans und Bluse zu schlüpfen. Sich in Haut und Klamotten wohlzufühlen hilft schließlich gegen Aufregung. Stefans Dauerschleifenpredigt, dass seine Kumpels entzückt von ihr sein werden, lässt ihre Nervosität unbeeindruckt.

Vielleicht hilft Bewegung. Stefan und Ulla brechen früher als nötig zum vereinbarten Treffpunkt in die Altstadt auf. Sie kreuzen den **Ebertplatz**, den Ulla bereits zu einem ihrer Lieblingsplätze erkoren hat, tauchen auf dem Plätzchen vor der **Eigelsteintorburg** wieder auf. Doch statt den Toreingang zu passieren, führt Stefan sie um die Burg herum, und Ulla traut ihren Augen nicht: Oben im Turmbogen hängt ein kaputtes Schiff, als käme es direkt aus der Mauer.

CÖLN AUF HOHER SEE

Seit 1926 kann man die Schiffsrelikte bestaunen. Die ***SMS Cöln*** war das erste deutsche Kriegsschiff, das Köln in seinem Namen trug.

Es ging 1914 im Ersten Weltkrieg in einer großen Seeschlacht vor Helgoland unter. Die Gegner, fünf britische Schlachtkreuzer, waren den zwei kleinen deutschen Kriegsschiffen haushoch überlegen. Die *Cöln* versank, mit ihr fast die gesamte Besatzung, außer ein Matrose. Drei Tage später wurde das Wrack eines Rettungskutters, der zur *Cöln* gehörte, vor Norderney gesichtet, geborgen und der Stadt Köln geschenkt.

Vom Eigelstein in die **Altstadt**. Von einem Brauhaus ins nächste. Von einem Kölsch zum nächsten. Die Altstadttour mit Stefan und seinen Kumpels beflügelt Ulla zusehends. Nun ja, vielleicht liegt es auch am üppig fließenden Kölsch. Denn Ulla belässt den Bierdeckel unter ihrer *Stange* und sendet den Kölner *Köbessen* und *Köbinnen* das klare Signal für mehr Kölsch. Sie könnte es stoppen, wenn sie den Deckel auf die *Stange* legte. Das hat sie gelernt. Aber das Gesöff perlt süffig, die Stimmung ist prächtig, und bis zum nächsten – verkaterten – Morgen liegen noch viele Stunden.

Je stärker Ullas Schwips, desto geringer ihre Aufnahmefähigkeit. Der erregten Diskussion am Tisch kann sie kaum noch folgen. Satzschnipsel fliegen ihr um die Ohren: FC, FC, FC... »*Dä Trainer schwad sich de Mul fusselich.*« (Der Träner redet ohne Unterlass, erreicht die Mannschaft aber nicht.) »*Da pack ich mir doch an de Kopp, der Keeper, der muss erus.*« (Da fass ich mir an den Kopf, der Torhüter, der muss raus.) »*Wat nit es, dat kann noch wäde.*« (Was nicht ist, kann noch werden) FC, FC, immer wieder FC.

Auch wenn sich Ulla für Fußball interessiert, gibt es doch noch andere Themen, über die man reden könnte. Aber nicht hier und jetzt. Der **1. FC Köln** beherrscht die Runde. Ullas Blick schweift umher. Kichernd registriert sie die rot-weißen oder, wie die Kölner*innen sagen, *ruut-wießen* T- und Sweatshirts, die die Jungs tragen. Stefan hat nicht nur einen roten Pulli, sondern auch seine weißen Sneakers an. Na klar: Rot und Weiß sind die Farben des 1. FC Köln. Ullas Blick schweift durch das Brauhaus. Dominierende Farbkombi: Rot-Weiß, selbst das Stadtwappen: rot-weiß.

»Hahaha«, prustet sie lachend heraus. Alle Augen schwenken auf Ulla, der die Aufmerksamkeit nun doch etwas peinlich ist. Beherzt tritt sie die Flucht nach vorn an. »Ihr habt ja recht, der FC ist klasse, aber dass sich alle nach ihm richten, ist ein bisschen übertrieben, oder?«

Verständnislose Blicke.

Ulla holt aus: »Rot-Weiß, wohin man guckt. Sogar das Logo der Brauerei ist in FC-Farben.«

Stille, die sich wie eine halbe Ewigkeit anfühlt. Dann dröhnt das Gelächter der Männer und übertönt selbst den in Brauhäusern extrem hohen Lärmpegel.

Leck mich en de Täsch, wat für 'n Malör

Natürlich hat der 1. FC Köln niemandem seine Farben diktiert. Der FC, die Brauerei und viele andere haben die Farben der Stadt annektiert.

Die Farben Rot-Weiß beruhen auf Kölns Vergangenheit als Hansestadt. Die **Hanse** war anfangs eine Vereinigung niederdeutscher und westfälischer Kaufleute, die gemeinsam ihren Handel im Ausland fördern wollten. Daraus wurde ein Städtebund, dem sich in seiner Blütezeit bis zu 200 See- und Binnenstädte, zumeist an bedeutenden Flüssen, anschlossen. Die ersten Flaggen der Hanse waren rot und weiß.

Schwaadschnüss

Der Begriff **Hanse** kommt aus der althochdeutschen Sprache und bedeutet Gefolge. Die Ur-Idee hatten die Kölner*innen. Um ihre Einkünfte in England zu erhöhen, gründeten sie im 11. Jahrhundert einen sogenannten Stalhof, eine Art Handelsniederlassung. Das ermöglichte ihnen, ohne Zwischenhändler wertvolle Schafswolle zu erwerben und diese wieder teuer zu verkaufen.

Durch den Ostseezugang, den norddeutsche Städte im 13. Jahrhundert eroberten, nahm der Handel Fahrt auf. Niederlassungen wurden in vielen weiteren Städten gegründet. Man nannte sie jetzt

Hansekontore. Sie boten den Kaufleuten Schutz. Die Städte wiederum profitierten von den zunehmenden Warenumschlägen vor Ort. So entstand aus der Hanse, der Vereinigung der Kaufleute, der Hansebund der Städte.

Dank der hohen Wirtschaftskraft wurden die Mitglieder des Hansebundes im 14. Jahrhundert ein wichtiger Machtfaktor. Damit erwirkten sie gegenüber dem Adel Privilegien und Rechte oder kauften diese direkt beim deutschen Kaiser und unterstanden ihm damit rechtlich. Die Mitglieder trafen sich seit dem Jahr 1356 auf dem Hansetag, der bis 1669 existierte.

Doch der Verfall des Hansebundes begann bereits Mitte des 15. Jahrhunderts. Denn die Nachbarländer Dänemark, Niederlande und Russland wurden mächtiger, schränkten Steuerfreiheiten ein und erhoben Zölle auf vorbeifahrende Handelsschiffe. Zudem erstarkten die deutschen Landesfürsten. Sie verboten das Bündnis zwischen Binnen- und Küstenstädten. England und Holland drängten in den Wirtschaftsraum Ostsee.

Der Druck auf die einzelnen Hansestädte wurde stärker, ihre jeweiligen Interessen gingen auseinander. Gemeinsame Entscheidungen zu fällen wurde nahezu unmöglich. Als Ende des 15. Jahrhunderts der internationale Überseehandel aufkam, ging der Hansebund endgültig unter. Nur Bremen, Hamburg und Lübeck pflegen bis heute noch eine lockere Vereinigung.

Und Köln? Die Stadt durfte sich in der düstersten Zeit der deutschen Geschichte, im Nationalsozialismus, noch einmal Hansestadt nennen. 1945 wurde der Zusatz gestrichen.

Aber Köln gehört wieder zur Hanse, der Neuen Hanse, die 1980 im niederländischen Zwolle gegründet wurde. Der Gedanke dahinter: die kulturelle Gemeinschaft der Städte lebendig halten. Durch Traditionspflege und einen regen Austausch. Im Sinne der europäischen Gemeinschaft wollen die Städte ihren wirtschaftlichen, kulturellen und sozialen Beitrag leisten.

9 ABSEITS!

ODER: WIE KÖLN SICH ZUM AFFEN GEMACHT HAT

Samstagvormittag, **Jahnwiese** hinter der Südtribüne des **Müngersdorfer Stadions**. Auf allen markierten Feldern wird Fußball gespielt. Mal mehr, mal weniger ambitioniert. Wenn der **1. FC Köln** Heimspiel hat, ist hier die Hölle los. Spätestens eine Stunde vor Spielbeginn laufen die Fans mitten über die Wiese Richtung Stadion. Ganz egal ob sie damit einen Alleingang aufs Tor vereiteln, eine Viererkette durcheinanderwirbeln oder Bälle, die im Weg liegen, mal eben wegkicken. Heute wird das nicht passieren. Der FC spielt auswärts. Auf der Jahnwiese kann ungestört *Fuppes* (Fußball) gespielt werden.

NAMENSSTREIT

Kein Fan des 1. FC Köln nimmt den Namen RheinEnergieSTADION (offizielle Schreibweise) in den Mund – jedenfalls nicht, ohne sich daraufhin den Mund mit Kernseife auszuwaschen. Das Stadion war immer das **Müngersdorfer Stadion** und wird es für immer bleiben. Basta! Egal wer sich aktuell die Namensrechte gesichert hat, egal wie dringend der FC das Geld aus diesem Deal braucht.

Irgendwo auf der Wiese hockt Ulla an der Seite eines weiß markierten Spielfelds. Neben ihr Maike, die Freundin von Ekki, einem

Freund von Ullas Freund Stefan. Daneben lungern weitere Männer und Frauen herum. Einige tragen Spielkleidung, andere eine Flasche Kölsch in der Hand, ein paar beides.

Stefan und Ekki jagen auf dem Platz dem Ball hinterher. Sie spielen beim 1. FC Luschenpack, einer durchaus ambitionierten Mannschaft, die in der zweithöchsten Klasse der **Bunten Liga Köln** ist. Dass sie ambitioniert sind, merkt man zum Beispiel daran, dass sie grundsätzlich erst nach dem Spiel Bier trinken und nicht vorher und währenddessen.

FUSSBALL MIT EIGENEN REGELN

Die **Bunte Liga** ist die Alternative zum offiziellen Spielbetrieb des DFB. In vielen Städten Deutschlands haben sich Fußballinteressierte selbst organisiert. Sie lieben den Fußball, aber nicht den DFB. Sie spielen mehr oder weniger nach den offiziellen Regeln. Dass es keinen Videobeweis gibt, ist klar, aber es gibt auch keine Geschlechtertrennung. Frauen spielen gemeinsam mit Männern, ausgewechselt wird, so oft man will, und Ausgewechselte können jederzeit wieder hereinkommen.

Auch sonst ist einiges anders: Es gibt zwar Schiedsrichter, aber eigentlich sind alle Spieler*innen gemeinsam für das Einhalten der Spielregeln verantwortlich. Fouls werden von ihnen direkt angezeigt, Schwalben gibt es nur am Himmel, und Meckereien und Rechthabereien sind verpönt. Zum Geist der Bunten Liga gehört Fairness. Ein zu Unrecht begünstigtes Team verzichtet selbstverständlich auf den Vorteil. Klingt nach Fußballparadies, ist es aber nicht. Denn auch in der Bunten Liga ist es leichter, Regeln aufzustellen, als sie einzuhalten.

Die Bunte Liga ist in Köln in vier Spielklassen aufgeteilt, es gibt Auf- und Abstieg und einen Pokalwettbewerb, der im K.-o.-System ausgetragen wird. Die Spielpaarungen werden ausgelost. Wer gewinnt, kommt in die nächste Runde, der Verlierer scheidet aus.

Und heute spielt Stefans 1. FC Luschenpack (2. Liga) gegen Haschisch Klettenberg (1. Liga). Klettenberg ist der Favorit und lässt das ziemlich raushängen. Allerdings ist es mit ihrer Ambition so eine Sache. Manche Spieler*innen genehmigen sich in der Auszeit einen Schluck Kölsch. Ein Tütchen ist auch schon gequalmt worden. Trotzdem steht es kurz vor Abpfiff 2:1 für Haschisch. Da erkämpft sich Ekki am eigenen Sechzehner mit einem regelkonformen Tackling den Ball, bekommt ihn unter Kontrolle und schießt den »tödlichen Pass« in die Gasse. Stefan ist bereits hinter seinem Gegenspieler gestartet, hat so einen halben Meter Vorsprung, erwischt den Ball und läuft auf das Tor zu. Kurz vor dem gegnerischen Strafraum zieht er den Ball am Torwart vorbei in die lange Ecke. Kein Hexenwerk. Der Torwart ist schon etwas älter, der Körper etwas fülliger und die Reflexe etwas lahmer. Zwei zu zwei. Und Verlängerung. Da hebt der gegnerische Torwart den Arm: Stefan soll im Abseits gestanden haben.

Was? Ulla kann nicht glauben, was sie hört. Stefan kann nicht im Abseits gestanden haben, er ist aus der eigenen Hälfte gestartet. Ulla kennt die Abseitsregel aus dem Effeff, immerhin hat sie in Itzehoe selbst gekickt. Soll ihr keiner mit »Frauen und Fußball« kommen. Aber keiner außer Ulla stellt die Abseitsentscheidung in Frage. Selbst Stefan nicht! Denn der Torwart der Gegner lügt nicht. Der war schon bei **Petermann** dabei.

Petermann? Ulla erinnert sich an die Graffitis in der Stadt: »Petermann lebt«, »Petermann, geh du voran«. Petermann muss wohl ein bedeutender Fußballer gewesen sein. Na und? Nur weil der Torwart diesen Petermann kennt, muss er trotzdem nicht recht haben.

Leck mich en de Täsch, wat für 'n Malör

Dickes Fettnäpfchen, in das Ulla gerade tritt. Stefan hat mit Petermann eine Mannschaft der Bunten Liga gemeint. Ihr vollständiger Name lautete **Petermann Stadtgarten**. 1989 gründete sie mit fünf weiteren Mannschaften, Calamares International, Grandhotel Abseits, Prinzip Hoffnung, Roter Hammer und Zombie Zollstock die Bunte Liga Köln.

Legendär ist Petermann Stadtgarten und sind damit ihre Spieler, weil sie als erste Kölner Mannschaft die Deutsche Meisterschaft aller Bunten Ligen in Deutschland gewann. Wer bei Petermann mitgespielt hat, gehört auch in der klassen- und schrankenfreien Welt der Bunten Liga zum Adel. Und so einer lügt doch nicht. Falls doch, genießt er so eine Art vorauseilende Immunität.

In einer anderen Sache irrt Ulla: Der Namenspatron der Mannschaft Petermann Stadtgarten ist der tatsächlich berühmte Petermann. Der ist aber nicht, wie von Ulla vermutet, ein Fußballer, sondern ein Schimpanse.

Schwaadschnüss

Petermann ist bereits verstorben. Er hatte ein trauriges Schicksal. Wenn er nicht im Kölner Zoo war, trat er im Fernsehen auf, trug wie ein Mensch Kleidung, zum Beispiel einen Ringelpullover oder als Baby einen Strampelanzug.

In den späten 1940er Jahren war Petermann nach Köln gekommen. Das genaue Datum kennt man genauso wenig wie seine Herkunft. Als dressierter Affe war er schnell der Liebling der Bewohner*innen der Domstadt geworden, die Ablenkung von der Tristesse der Nachkriegsjahre suchten.

Am 31. Dezember 1952, kurz vor Mitternacht, feierte Petermann seine Fernsehpremiere. Er trat in der ersten Silvesterschau der deutschen Fernsehgeschichte auf. Verkleidet mit Frack, Zylinder und Sektglas und behängt mit Luftschlangen. Pünktlich um Mitternacht prostete das Tier den Zuschauern zu und sorgte für Begeisterung.

Seitdem lief im Kölner Zoo ein überregional bekannter Star im Affenhaus herum. Weitere Auftritte in den Medien folgten. Petermann lief in den Paradeuniformen Kölner Karnevalsvereine herum, zog mit einem Karnevalisten von Prunksitzung zu Prunksitzung, posierte in Kneipen als *Köbes* und fuhr in Motorradkluft Dreirad oder Motorroller. Kurz: Er war ein Star.

Aber wie das mit Lebewesen so ist: Sie werden älter und größer und lassen sich nicht mehr alles gefallen. Petermann wurde aggressiv. Ab Mitte der 1950er Jahre gab es keine Auftritte in lustigen Verkleidungen mehr. Petermann zog sich in seinen Käfig zurück und galt jetzt als verhaltensgestört. Fast drei Jahrzehnte lang vegetierte er vor sich hin. Kaum jemand erinnerte sich noch an ihn.

Doch 1985 vergaß ein Tierpfleger nach der Fütterung, Petermanns Käfig wieder zu verschließen. Gemeinsam mit Schimpansin Susi gelang Petermann wie Bonnie und Clyde die Flucht aus dem Zoo. Zufällig begegneten sie dem damaligen Zoodirektor Günter Nogge, griffen sofort an und verletzten ihn schwer.

Die Flucht der Schimpansen führte nicht weit. Petermann wurde noch auf dem Zoogelände erschossen, Susi konnte aus dem Zoo fliehen, wurde im Garten eines Nachbarhauses gestellt und ebenfalls erschossen.

Doch ihr Tod wühlte die Kölner*innen auf. Jeder kannte zumindest Petermann. Und so verbreitete sich nach dem Ableben die Heldenlegende vom Affen, der sich der Vermenschlichung und Unterdrückung widersetzt hatte. Petermann sei aufrecht stehend im Kugelhagel gestorben und hätte als Zeichen des Widerstands seine linke Faust gen Himmel gestreckt.

10 BESTE FREUND*INNEN

DOCH AUS DEN AUGEN, AUS DEM SINN

Auch wenn Ulla es sich nicht eingestehen mag, aber der Petermann-Fauxpas hat ihr stärker zugesetzt, als sie dachte. Es ist wie verhext. Als würden die Fettnäpfchen nur auf sie lauern. Zu Hause in Itzehoe hätte sie sich jetzt bei ihren Freundinnen ausgeheult. Sie wären in ein Café gegangen, hätten köstlichen Kuchen verputzt und einen oder zwei Pharisäer getrunken: starken Kaffee mit Würfelzucker und einem Schuss Rum, gut gerührt und mit geschlagener Sahne gekrönt, wobei die Sahne nicht verrührt werden darf, denn sonst riecht man den Alkohol. Ulla erinnert sich gut an die alte Legende, die sich die Verwandtschaft immer wieder unter großem Gelächter erzählte. Mit diesem Trick konnten anno dazumal die Schleswig-Holsteiner im Beisein ihres Pfarrers Alkohol trinken. Aber irgendwann bekam er es doch mit und beschimpfte seine Schäfchen als gottlose Pharisäer. Auf die Pharisäer-Idee wären vermutlich auch die findigen, bauernschlauen Kölner gekommen, fällt Ulla sentimental ein.

Sie beschließt in die Stadt zu gehen und wie früher, wenn auch ohne Freundinnen, sich mit Süßem den Magen vollzuschlagen. Ulla

…t ein ganz spezielles Café an, von dem ihr schon Stefan vorgeschwärmt hat. Es ist auf dem **Hohenstaufenring**.

ABER BITTE MIT SAHNE

Das **Café Wahlen** ist eine Kölner Institution und eins der wenigen verbliebenen Traditionscafés der Stadt. Josef Wahlen gründete es 1911, 1977 übernahm es sein Enkel Heinrich. Die Kuchen und Torten kommen alle aus eigener Produktion und werden frisch hergestellt. Hüftgold pur, so weit das Auge blickt. Klassisch wird an der Kuchentheke ausgesucht und am Tisch serviert. Das Tortenangebot ist reichhaltig. Von Creme- über Butter- hin zu Obsttorten. Die Spezialität des Hauses ist aber der Baumkuchen. Noch süßer geht es nur mit den – natürlich selbst gemachten – Pralinen. Aber man kann hier auch warm und herzhaft essen. Toast Hawaii, Königinpastete, Ragout Fin mit Fleuron oder der Crevetten-Cocktail. In hippen Cafés wäre so ein Angebot ironisch gemeint, hier ist es Tradition.

Zur Tradition gehört auch das Interieur. Dicke Rüschenvorhänge, dicker Teppichboden, Blumentapete, Kronleuchter, die Stühle mit Korbflechtlehne und rotem samtbezogenen Sitz, weiße, gestärkte Tischdecken. Retrocharme pur. Die Servicekräfte tragen selbstverständlich schwarze Kleidung mit weißen Spitzenschürzen.

Es gibt 164 Plätze. Und die sind zu Stoßzeiten voll belegt. Aber eigentlich sitzt hier zwischen 10 und 18 Uhr – sonntags fängt es eine Stunde später an – immer jemand. Die meisten Gäste sind Stammkunden, die zum Teil seit Jahrzehnten kommen.

Auch als Ulla das Café betritt, herrscht bereits reger Betrieb. Sie reiht sich in die Schlange an der Kuchentheke ein und kann sich gar nicht entscheiden. Dank kräftiger Unterstützung der aufmerksamen und fachkundigen Bedienung nimmt sie Flockensahnetorte mit Rum. Das kommt dem heimischen Pharisäer schon mal nahe.

Ulla bekommt einen Zettel mit ihrem Nümmerchen und steuert damit einen freien Tisch im Café an.

Am Nachbartisch sitzt eine ältere, schick zurechtgemachte Dame mit rot gefärbten Haaren. Sie lächelt Ulla zu. Ulla erwidert das Lächeln, setzt sich und studiert die Getränkekarte.

Nach ihrer Bestellung nimmt Ulla ihren Fotoapparat und lichtet den Retro-Charme dieses Café-Kleinods ab. Klick, klick, klick.

»Das ist eins der schönsten Cafés von Kölle«, hört Ulla plötzlich von der Rothaarigen seitwärts.

Ulla nickt. »Das glaube ich sofort.«

»Wissen Sie, ich war schon als Kind hier«, redet die Dame weiter und verfällt in kölschen Dialekt. *»Bin 'ne Kölsche. Jebore un aufjewaachse em Vringsveedel.«* (Ich bin eine Kölnerin, geboren und aufgewachsen im Vringsviertel.)

»Wie bitte?«, fragt Ulla und macht der Rothaarigen klar:

»Ach, Sie sind wohl nich' von hier.«

Ulla nickt lächelnd und knipst noch ein paar Fotos.

Wieder von seitwärts: »Von woher kommen Sie denn?«

Erst mal kommt Ullas Torte.

»Flockensahne«, seufzt die Rothaarige wohlig. *»Joote ...«* Die Frau besinnt sich: »Ich mein, gute Wahl.«

Die Kellnerin mischt sich lachend ein. *»Dä Beste. Der jung Wiev kann dat verdrage. Isch wed allt vum Luure deck.«* (Die Beste. Die junge Frau kann das vertragen. Ich werde schon vom Gucken dick.)

Die Rothaarige winkt grinsend ab: *»Mer muss och jünne künne«* (Man muss auch gönnen können), und wendet sich Ulla zu: »Lassen Sie es sich schmecken.«

Das tut Ulla.

»Und? Hab ich zu viel versprochen?«, ertönt die Tischnachbarin seitwärts.

Hat sie nicht. Der Kuchen ist himmlisch.

Die Rothaarige beugt sich vor: *»Woher kumme Se dann jetz?«* Auf Ullas irritierten Blick folgt die hochdeutsche Übersetzung: »Woher kommen Sie denn nun?«

»Ach so, aus Schleswig-Holstein«, antwortet Ulla.

Die Rothaarige seufzt angetan. »Meine Nichte war mal auf Sylt. Die hat so geschwärmt von dem Meer, der Sonne und der guten Luft. Und Sie wollen sich jetzt wohl Köln ansehen?«

Ulla schüttelt den Kopf. »Also eigentlich will ich hierherziehen, ich meine, ich bin schon hergezogen. Irgendwie.«

Die Rothaarige lächelt begeistert: *»Nä, Sie sin 'n Immi?!«*

Stimmt. Nur, dass Ulla die Tatsache so gar nicht begeistert. Und das sieht man ihr offensichtlich an. Denn die Dame hakt fürsorglich nach. Eigentlich vertraut sich Ulla als kühles Nordlicht Fremden nicht an. Doch jetzt bricht es aus ihr heraus. Sie redet sich den ganzen Frust von der Seele: Egal wann, wo und wie sehr sie aufpasst, überall lauern Fettnäpfchen. Und jedes Mal trampelt sie mitten hinein.

Mehrere Tassen Kaffee, eine Sachertorte und ein Ragout fin für die Rothaarige später ist Ulla ein wenig getröstet. Die Rothaarige hat lebhaft an ihrem Leben Anteil genommen und sie mit kölscher Liedgutweisheit wieder aufbauen können. *»Mädche, schön is dat Levve. Scheissejal wie alt mer sin. Mir ston immer midden drin.«* (Mädchen, schön ist das Leben. Scheißegal, wie alt wir sind. Wir stehen immer mittendrin.) Da musste Ulla lachen.

Aus dem Vormittag wird Nachmittag, und die Rothaarige erinnert sich an die Verabredung mit ihrer Tochter und verabschiedet sich. War ein schönes Gespräch, man sehe sich bestimmt hier noch mal. Das hofft Ulla auch und hängt der neuen Bekanntschaft in Gedanken noch ein Weilchen nach. Die offenen und herzlichen Kölner*innen, die so ganz anders sind als die Menschen im hohen Norden, hinterlassen Eindruck bei ihr. In Köln gehen die Menschen unverkrampft und ganz selbstverständlich auf Fremde zu. Freunde finden, das scheint hier kein Problem zu sein.

Leck mich en de Täsch, wat für 'n Malör

Auch wenn Kölner*innen in der Regel sehr kommunikations- und kontaktfreudige Wesen sind, sollte man keine vorschnellen Schlussfolgerungen bei einer neuen Bekanntschaft ziehen. Kölner*innen *schwaade* (schwatzen) einfach gern. Sie sind neugierig und offen, solange das *Geschwadde* dauert, um sich dann genauso neugierig und offen anderen Dingen zuzuwenden.

Für die Kölner*innen ist die Stadt einerseits eine Metropole, gleichzeitig fühlen sie sich hier wie im Dorf. Die meisten, besonders die älteren Menschen, verlassen ihr *Veedel* (Viertel) äußerst selten. Denn da fühlen sie sich ganz zu Hause. Jeder kennt jeden. Überall wird *geklaaft* (getratscht) und *verzällt* (geschwatzt). Ob im Supermarkt, beim Bäcker oder im Café. Die Lust am Leben, am Hier-und-im-Moment-Sein, zählt. Jeder Moment wird ausgekostet, denn die Kölner*innen wissen um die Vergänglichkeit des Lebens.

Schwaadschnüss

Die Mentalität der Kölner*innen ist schwer zu fassen. *Kölle dat es e Jeföhl* (Köln, das ist ein Gefühl), heißt es deshalb. Ein Gefühl, das immer bleibt, auch wenn man es nicht festhalten kann.

Kölle bezeichnet eigentlich keinen Ort, sondern eine tiefe Sehnsucht. So sang schon Willi Ostermann: »*Wenn ich su an ming Heimat denke un sin d'r Dom su vör mir ston, mööch ich direk op Heim an schwenke, ich mööch zo Foß no Kölle jon.*« (Wenn ich so an meine Heimat denke und den Dom so vor mir stehen sehe, dann möchte ich direkt Richtung Heimat schwenken, ich möchte zu Fuß nach Köln gehen.)

Auf dieser sentimentalen Grundstimmung gedeiht der kölsche Frohsinn. Das irdische Leben ist endlich. Die Kölner*innen verlieren ihr Paradies, das übrigens nicht im Jenseits liegt – sondern selbstverständlich in Köln –, in einer melancholisch verklärten, unbestimmten Vergangenheit. »*Nä, wat wor dat dann fröher en superjeile Zick, mit Träne in d'r Auge loor ich manchmol zurück*« (Ne, was war das früher für eine supergeile Zeit, mit Tränen im Auge schaue ich manchmal zurück), textete schon die Kölner Band Brings.

Dem großen Drama des Lebens begegnen die Kölner*innen einerseits mit Gelassenheit: *»et kütt wie et kütt«* (es kommt, wie es kommt) und *»et hätt noch emmer joot jejange«* (es ist noch immer gut gegangen), und andererseits mit ihrem kölschen Frohsinn: *»do laachs de disch kapott«* (da lachst du dich kaputt). Man ergibt sich optimistisch seinem Schicksal, aber behält humorvoll die Fäden in der Hand. Der ernsten Realität wird mit einem lockeren Spruch der Stachel gezogen. *»Kütt mer üvver d'r Hungk, kütt mer üvver d'r Stätz.«* (Wer über den Hund kommt, kommt auch über den Schwanz.) Oder frei übersetzt: Warum sich unnötig anstrengen, es läuft am Ende ja doch so, wie es laufen soll.

11 TIERSCHUTZ? NA KLAR!

AUSSER WENN VIERBEINER ZWEIBEINERN BEINE MACHEN

Die nette Bekanntschaft im **Café Wahlen** hat Ulla einerseits wieder aufgebaut, andererseits frustriert. Zwar kommt man mit Kölner*innen schnell in Kontakt, doch genauso schnell ist auch wieder Schluss. In der Hoffnung, die Dame noch mal zu treffen, hat Ulla ein paarmal das Café Wahlen aufgesucht. Umsonst. Die Rothaarige tauchte nicht auf. Also gab Ulla auf.

Nicht dass man in Itzehoe schnell Freund*innen finden würde. Ganz im Gegenteil. Man braucht sehr lange, bis man warm miteinander wird, aber dann hält die Freundschaft für immer. Voraussetzung dafür: Beide Seiten müssen ein Interesse aneinander haben. Wenn nicht, ist der Drops schnell gelutscht. Da verplempert man gewiss nicht den halben Tag mit der anderen Person.

Ulla sitzt mal wieder allein in Stefans Wohnung, als ihr Handy klingelt. Eine unbekannte Nummer. Ulla nimmt den Anruf an: »Ja, bitte?«

»Hier ist Maike. Erinnerst du dich?«

Und ob sich Ulla erinnert. Maike saß neben ihr auf der Jahnwiese beim Spiel 1. FC Luschenpack gegen Haschisch Klettenberg. Maikes Freund Ekki ist Stefans Kumpel. Ulla fand Maike sympathisch. Sie hatten geplaudert über Maikes Engagement im Kölner Tierheim und Ullas Influencer-Job. Allerdings war Maike auch dabei, als Ulla mal wieder mitten in ein Fettnäpfchen stapfte. Auslöser war ein Schimpanse namens Petermann. Allein der Gedanke daran lässt Ulla vor Scham rot anlaufen. Gut, dass Maike sie nicht sieht.

»Sicher erinnere ich mich an dich. Vom Fußball letzten Samstag. Was gibt's?«

»Nichts Besonderes. Ich wollte nur hören, ob wir uns mal treffen wollen?«

Ulla ist baff. Dann begreift sie und freut sich: »Ja klar, gerne. Wann denn?«

»Sofort?«

Ulla ist geplättet.

»Wenn du keine Zeit hast, dann irgendwann die Tage«, hört sie Maike reden.

»Nein, nein. Ich hab Zeit. Sofort ist super«, flötet Ulla begeistert ins Handy.

»Was hältst du von GBH um drei?«, schlägt Maike vor.

GBH? Ulla hat null Plan, was das ist. Güterbahnhof? Gynäkologischer Basis-Hafen? Ganz baufälliges Haus? Aber ein weiteres Fettnäpfchen will Ulla unter allen Umständen vermeiden. Ihre Unkenntnis wird sie mit einer Internetrecherche beseitigen. »Gerne, dann bis drei.«

»*Tschö*« (Tschüss), trällert es zurück.

Pustekuchen! GBH mal eben im Internet recherchieren. Man findet nichts. Ulla weiß sich keinen anderen Rat, als Stefan eine Whatsapp zu schicken und nach GBH zu fragen. Seine Antwort kommt prompt: »Geißbockheim.« Geißbockheim? Na klar, das ist sicher das Tierheim, in dem Maike ehrenamtlich hilft. Vermutlich gibt es dort viele Ziegen. Oder die ersten Tiere in dem Heim waren Ziegen. Schnell noch eine Whatsapp an Stefan und nach der Adresse des GBH gefragt.

Weil es in ein Tiergehege geht, braucht es die richtige Kleidung. Jeans, Hoodie, Gummistiefel. Ulla gibt in ihrer Routen-App die Adresse ein und nimmt Stefans Rad. Es geht den **Ring** entlang bis zur Aachener Straße. Bis zum **Friesenplatz** gibt es Radwege. Schlechte zwar, aber immerhin. Dann wird es anstrengend. Denn zu schlechten Radwegen kommt die Straßengastronomie. Immer wieder muss Ulla bremsen, weil die Leute ihr, ohne zu gucken, vor das Rad laufen. Noch schlimmer wird es auf der **Aachener Straße**. Die Läden sind voll und die Außenplätze belegt. Hätte sie doch mal besser die KVB (Kölner Verkehrsbetriebe) genommen, also die U- bzw. Straßenbahn. Jetzt ist es zu spät.

Entspannter wird das Fahren auf der Höhe des Friedhofs. Eine Trauergesellschaft betritt das Gelände, bevor Ulla an ihnen vorbeimuss.

GESTORBEN WIRD IMMER

Der **Melaten-Friedhof** ist nicht nur der Zentralfriedhof der Stadt, er ist auch der größte. Sein Name stammt der Überlieferung nach vom französischen Wort *malade* ab, was »krank« bedeutet. Bevor der Friedhof angelegt wurde, stand hier ein Heim für Kranke und Aussätzige. 1243 wurde der *hoff to Malaten*, der Melatenhof, erstmals urkundlich erwähnt. Unter anderem waren dort Leprakranke untergebracht. Auf dem Gelände war auch der Richtplatz, die Hinrichtungsstätte der Stadt.

Als Folge der sogenannten Koalitionskriege stand Köln seit 1794 unter französischer Besatzung. Mit dem Kaiserlichen Dekret über die Begräbnisse, *Décret sur les sépultures*, von 1804 untersagte Napoleon vor allem aus hygienischen Gründen Beerdigungen innerhalb von Städten, Dörfern und geschlossenen Gebäuden.

Die Stadtverwaltung musste reagieren, kaufte das Grundstück rund um das ehemalige Lepraheim und ließ die meisten Gebäude abreißen. Die Kapelle **St. Maria Magdalena und Lazarus**, die im Jahr 1245 erbaut wurde, blieb bis heute erhalten. Von Anfang an hatte man den Friedhof auch als öffentliche Grünanlage für die Bevölkerung geplant. 1810 wurde der Melaten-Friedhof von Dompfarrer Michael Joseph DuMont eingeweiht und die Friedhöfe innerhalb der Stadt geschlossen.

Auf dem Gottesacker der Stadt Köln, wie der Melaten-Friedhof offiziell hieß, durften bis 1829 nur Katholiken beerdigt werden. Die Protestanten bestattete man auf dem **Geusenfriedhof** in Köln-Lindenthal. Er steht heute unter Denkmalschutz. Die Juden wurden im rechtsrheinischen Deutz beerdigt. Trotz mehrerer Erweiterungen war der Melaten-Friedhof aber dann doch zu klein. 1896 kamen der Nord-, 1901 der Süd-, 1917 der West- und 1946 der Ostfriedhof dazu.

Auf dem Melaten-Friedhof liegen viele Familiengrabstätten bekannter Kölner Familien wie der DuMonts oder der von Oppenheims. Aber auch Maria Clementine Martin, besser bekannt als Klosterfrau Melissengeist, und Prominente wurden hier bestattet: Willi Millowitsch, August Sander und Dirk Bach.

Ulla hat mehr als die Hälfte der Strecke geschafft. Auf Höhe des **Militärrings** biegt sie in den **Grüngürtel** ab, die grüne Oase von Köln. Hier führen Radwege an Wiesen vorbei. Dichter Baumbestand schützt im Sommer vor der Sonne, aber die Idee des Grüngürtels war eigentlich eine andere.

KÖLNS GRÜNE LUNGE

Ulla befindet sich im **Äußeren Grüngürtel**. Von den Grüngürteln gibt es in Köln gleich zwei. Es handelt sich dabei um künstlich angelegte Grünflächen, die sich im Kreis fast um die ganze Stadt legen. Form und Lage sind kein Zufall. Es waren einst die Vorwiesen der Kölner Befestigungsringe gewesen, sogenannte Rayons, freie Flächen vor Verteidigungsmauern ohne Sichtbehinderung. Die Stadt Köln war seit 1815 unter preußischer Verwaltung von einem doppelten Festungsring umgeben.

Der musste nach dem Ersten Weltkrieg aufgrund des Versailler Vertrags von 1919 geschleift werden. Der damalige Kölner Oberbürgermeister Konrad Adenauer setzte bei der britischen Besatzungsmacht durch, dass das Gebiet in Parkanlagen umgewandelt werden durfte.

1923 wurde der Grüngürtel auf einer Fläche von etwa 800 Hektar, die Hälfte davon Wald, feierlich eröffnet.

Der Äußere Grüngürtel wird vom Militärring, genauer gesagt der Militärringstraße oder dem »Milli«, wie er in Köln genannt wird, durchzogen. Der Milli ist mit fast 22 Kilometern die längste Straße Kölns.

Seit 2010 gibt es am Milli zwischen **Decksteiner Weiher** und Autobahn das sogenannte Waldlabor. Im Auftrag der Kölner Forstverwaltung und mit Unterstützung von Sponsoren forscht das Labor, wie der Klimawandel durch Waldentwicklung positiv beeinflusst werden kann.

Nach genau 46 Minuten hat Ulla ihr vermeintliches Ziel erreicht. Aber von einem Tierheim oder einem Ziegengehege ist weit und breit nichts zu sehen. Schon will sie einen jungen sportlichen Mann fragen, als sie Maikes Stimme hört:

»Ulla!«

Ulla sieht sich um, aber kann Maike nicht entdecken.

»Hier oben!«

Ulla hebt den Blick und sieht Maike, die ihr von der Terrasse eines weißen Gebäudes herunterwinkt.

»Die Treppe ist auf der anderen Seite.«

Ulla ruft: »Okay!« Sie stellt ihr Fahrrad ab und stapft in den Gummistiefeln die Treppe hoch. Oben angekommen, nimmt Maike sie zur Begrüßung in den Arm und betrachtet Ullas Outfit amüsiert.

»Rustikal, aber du kannst das tragen. Komm, ich sitz dahinten.«

Ulla folgt Maike zu einem Tisch auf einer großen Dachterrasse. »Und wo ist jetzt das Tierheim?«, will Ulla wissen.

Maike sieht Ulla verdutzt an.

Leck mich en de Täsch, wat für 'n Malör

Natürlich ist das **Geißbockheim** kein Tierheim, sondern die Heimat der Geißböcke. Die Geißböcke sind der Fußballverein 1. FC

Köln! Und der 1. FC Köln ist der erste und für seine Fans der einzige Fußballverein der Stadt bzw. der Welt.

Schwaadschnüss

Vier Jahre nach Gründung des 1. FC Köln wurde 1952 der Grundstein für den Bau des Geißbockheims gelegt. In unmittelbarer Umgebung gab es bereits elitäre Tennisclubs. Die Damen spielten dort Bridge, während sich ihre Männer auf dem Tenniscourt die Bälle um die Ohren schlugen und nebenher profitable Geschäfte machten.

In dieser Welt sah der damalige Vereinspräsident Franz Kremer den FC. Das Geißbockheim sollte ein mondäner Bau für einen mondänen Fußballverein werden. Doch zu dem musste der FC erst noch werden. Bislang gab es weder große Erfolge zu feiern noch eine Bundesliga, in der sich die besten Mannschaften miteinander maßen. In regionalen Gruppen spielte man die Teilnehmer einer Endrunde aus.

Das Geißbockheim war 1953 bei seiner Eröffnung ein Versprechen auf die Zukunft. Ein Versprechen, das tatsächlich zehn Jahre später eingelöst wurde. 1964 wurde der 1. FC Köln der erste Deutsche Meister der neu gegründeten Bundesliga. Weitere Meisterschaften und DFB-Pokalgewinne folgten.

Bis vor einigen Jahren konnte man von der Terrasse des Geißbockheims den Spielern beim Training zusehen und dabei ein leckeres Kölsch trinken. Diese Zeiten sind vorbei. Der Fußball wurde kommerzieller. Man brauchte mehr Personal in der Verwaltung und für dieses Personal Büros. Das Geißbockheim liegt aber im Naturschutzgebiet. Deshalb musste der neue Verwaltungstrakt direkt an das alte Gebäude anschließen. Die Sicht auf Trainingsplatz eins, auf dem die Profis in der Regel trainieren, wurde verbaut. Zuschauen geht aber noch immer, nur nicht mehr von der Terrasse, sondern direkt am Platz. Kölsch trinken kann man hinterher.

12 WASSER IST ZUM WASCHEN DA

ABER IN KÖLN RIECHT ES AUCH GUT

Es ist drei Uhr morgens. Ulla lümmelt auf dem Sofa. Bei Kerzenschein und mit einer Tasse echten friesischen Tee in der Hand. Den hat ihre Freundin Jantje aus der alten Heimat, Itzehoe, mitgebracht. Als Jantje von der Toilette zurückkommt, grinst Ulla wie ein Honigkuchenpferd.

»Was?«, fragt Jantje und sieht irritiert an sich runter.

»Alles okay«, sagt Ulla lachend. »Ich freue mich bloß.« Ulla stellt die Teetasse auf dem Tisch ab, hüpft vom Sofa und nimmt Jantje fest in den Arm. »Du fehlst mir. Die Mädels fehlen mir.«

Ulla würgt ihre aufsteigenden Tränen hinunter. Auch wenn aus ihrer Bekannten Maike eine Freundin werden kann, so wird sie doch nie ihre Itzehoer Freundinnen ersetzen können. Ulla kennt die Mädels beinahe ein Leben lang. Jantje am längsten. Sie wohnte in der Nachbarschaft. Die anderen vier kamen in der Grundschule dazu. Nach vielen Zerwürfnissen und ebenso vielen Versöhnungen sind sie zu einem eingeschworenen Team zusammengewachsen. Sie haben Freud und Leid geteilt, waren immer füreinander da. Ulla wird bewusst, welchen großen Schatz sie für Stefan aufgegeben hat, und kann den Schluchzer nicht mehr zurückhalten.

Jantje löst sanft die Umarmung, streicht Ulla die Haare aus der Stirn. »Alles gut, Süße«, lächelt sie liebevoll. »Ich bin doch jetzt da.«

Ulla atmet tief durch. Stimmt. Jantje ist da. Ihre Freundinnen sind da. Nicht hier, sondern in Itzehoe. Das ist nicht um die Ecke, aber auch nicht am Ende der Welt. Trotzdem ist das Heimweh gerade übermächtig. Ulla will es nicht noch mächtiger werden lassen. »Komm, ab in die Federn. Wir haben morgen ein taffes Programm«, erklärt sie entschlossen.

Im Wohnzimmer türmen sich Kartons, die Jantje mitgebracht hat. Darin Sachen von Ulla: Kleidung, Bücher, Lampen, Kissen. Und im kleinen Mietumzugswagen warten sogar noch ein paar von Ullas Möbeln. Ihr bequemer Lieblingssessel, ihre Kommode und ihr wunderbarer ergonomischer Schreibtischstuhl, den sie sich nach ein paar größeren Aufträgen gegönnt hatte.

»Und ich will shoppen«, sagt Jantje und pustet die Kerzen aus.

Während Jantje das Geschirr in die Küche bringt, funktioniert Ulla das Sofa in ein Schlafsofa um. Gemeinsam beziehen sie Kissen und Bettdecke. Fertig! »Handtücher sind im Bad, und wenn du sonst noch was brauchst, ...«

»... weck ich dich«, scherzt Jantje.

»Wag's nicht«, antwortet Ulla, gibt Jantje einen Kuss auf die Wange und wünscht ihr: »Gute Nacht!«

»Dir auch. Schlaf gut.«

Kurze Zeit später krabbelt Ulla zu Stefan ins Bett. Er schläft tief und selig, und das tut Ulla Sekunden später auch.

Als sie am nächsten Morgen, na ja, eher Vormittag, aufwacht, ist Stefan längst über alle Berge, also auf der Arbeit. Ulla steht auf und lugt ins Wohnzimmer. Jantje schläft. Leise schließt Ulla die Tür und schlurft in die Küche, stellt die Kaffeemaschine an und reckt und streckt sich. Ihr Blick fällt auf den Küchentisch. Dort liegt Geld und ein Zettel von Stefan. Er bittet sie, dass sie für ihn eine Besorgung macht.

Später, nach einem köstlichen Frühstück in einem gemütlichen Café im *Veedel*, packen Ulla und Jantje die Möbel und die restlichen

Kisten aus dem Mietwagen. Geschafft. Nach der Pflicht die Kür. Shoppen! Und zwar im **Belgischen Viertel**.

KLEIN-BELGIEN IN KÖLN

Belgisches Viertel? In Köln? Aber sicher. Und zwar schon seit 1884. Tatsächlich hatte es da bereits eine **Flandrische** und eine **Limburger Straße** gegeben. Deshalb entschloss man sich, die Straßen, die durch die Stadterweiterung neu entstanden waren, nach belgischen Städten zu benennen: Man wollte »ganz Holland und Belgien sich versammeln lassen«. Die **Brüsseler Straße** ist die zentrale Achse, knapp einen Kilometer lang und damit die längste Straße des *Veedels*.

In dem Viertel residiert **Chic Belgique**, eine Gruppe von kleinen Läden, die sich organisiert haben. Mode spielt die Hauptrolle. Aber auch Design, Schmuck, Kunst und Kultur. Nicht zu vergessen die vielen Bars, Restaurants und Kneipen. Bestes Ausgehviertel.

Mit Papiertaschen beladen verlassen Jantje und Ulla die hübsche Eckboutique.

»Ich bin pleite«, jammert Jantje halb scherz-, halb ernsthaft.

»Falsch. Du bist um ein unglaublich geiles Kleid, zwei sagenhaft schicke Blusen und ultracoole Sneakers reicher«, verbessert Ulla.

Jantje stimmt lachend zu.

Weil shoppen müde macht, wollen sie jetzt zurückkehren. Zuvor muss Ulla aber noch Stefans Bitte erfüllen. Seine Oma feiert heute ihren 83. Geburtstag. Er hat einen Außentermin und schafft es nicht, das Geschenk für sie zu kaufen.

Deshalb betritt Ulla, gefolgt von Jantje, einen Getränkeladen. Sie bleibt vor einem Regal stehen und überlegt, was Stefans Oma favorisiert: »mit« oder »ohne«.

Jantje fasst sich an den Kopf. »Echt jetzt? Dein Freund schenkt seiner Oma Mineralwasser?«

Ulla sieht das ja wie ihre Freundin. Andererseits kennt sie die Kölner*innen mittlerweile ziemlich gut. Denn bei dem Wasser handelt es sich nicht um einfaches Mineralwasser, sondern um »Kölsches Wasser«, wie es auf dem Flaschenaufkleber heißt.

Jantje nimmt eine Flasche aus dem Regal, überfliegt den Inhalt und konstatiert trocken: »Stinknormales Wasser. Das ist nur ein Werbegag.«

Alles richtig, weiß Ulla auch. Sie erklärt sich das Geschenk so: Stefans Oma, *»ein echt kölsche Mädche«*, lebt seit einigen Jahren im bergischen Land in einem Seniorenwohnheim. Das kölsche Mineralwasser ist bestimmt als eine Erinnerung an ihre Heimat gedacht.

Leck mich en de Täsch, wat für 'n Malör

Von wegen. Ulla hat Stefans Zettel überflogen und statt des von ihm gewünschten Kölnisch Wassers »kölsches Wasser« im Hirn abgespeichert. Der Begriff kölsch ist einfach viel geläufiger als Kölnisch.

Während das kölsche Mineralwasser tatsächlich eine clevere Werbeidee der Sünner-Brauerei ist und zu Omas Kölner Zeiten noch gar nicht erfunden war, ist das Kölnisch Wasser bereits einige Jahrhunderte alt. Es handelt sich um Parfüm, das berühmte Eau de Cologne, das noch heute in der Stadt hergestellt wird. Doch von wem es genau stammt, darüber herrscht seit Ewigkeiten Streit zwischen den Familien Mülhens und Farina. Beide reklamierten Kölnisch Wasser als ihre ureigene Erfindung.

Die Parfüme erlebten ihre Blüte während der Monarchien. Doch mit deren Untergang und dem Aufkommen billiger Düfte wurden die Zeiten für das Kölnisch Wasser härter. Zwar hielten die Stammkund*innen den Firmen die Treue, doch für die jungen Generationen haftete besonders dem *4711*-Duft der Familie Mülhens das Image eines Parfüms für ältere Damen an. Erst als die Kundschaft aus anderen Ländern wieder für regen Absatz sorgte, ging es für *4711* bergauf. Farina dagegen erfand sich ganz neu und überlebte als exklusives Nischenprodukt, das nur in ausgewählten Geschäften erhältlich ist.

Schwaadschnüss

Doch was hat es mit dem Kölnisch-Wasser-Streit eigentlich auf sich? 1792 bekam Kaufmann Wilhelm Mülhens von einem Kartäusermönch zu seiner Hochzeit ein *aqua mirabilis*, ein Wunderwasser, geschenkt. Der Mönch hatte es selbst hergestellt und überließ dem Kaufmann auch die Rezeptur. Mülhens begann, das Wunderwasser in seiner Firma zu produzieren.

Zwei Jahre später führten die Franzosen in Köln eine Hausnummerierung ein. Der Grund war, dass die Besatzungssoldaten die Kölner Straßennamen nicht aussprechen, geschweige denn sie sich merken konnten, und sich häufig verliefen. Laut Nummerierung war Mülhens Firma in Haus 4711. Und voilà, der Name war geboren und wurde im Jahr 1875 als Marke eingetragen.

Am Anfang war das *aqua mirabilis* ein innerlich anzuwendendes Heilmittel. Doch auf Napoleons Anordnung, alle pharmazeutischen Rezepturen offenzulegen, was Mülhens natürlich nicht wollte, erklärte er sein Wunderwasser kurzerhand zum Duftwasser und nannte es *4711 Echt Kölnisch Wasser*.

Und das wird noch heute im altehrwürdigen Firmensitz mitten in der Innenstadt verkauft. 1852 bis 1854 war das Gebäude im neugotischen Stil erbaut worden. Noch heute erklingt tagsüber zu jeder vollen Stunde ein Glockenspiel: die *Marseillaise*, *Der treue Husar* und ein weiteres Lied. Seit 2006 gehört die Firma zum Unternehmen Mäurer & Wirtz.

Das war die eine Version vom Kölnisch Wasser. Die andere ist die Geschichte des Parfümeurs Johann Maria Farina. Vor dreihundert Jahren zog er von Italien nach Köln und kreierte dort 1709 seinen ersten Duft, der wie ein italienischer Frühlingsmorgen rieche, so seine Beschreibung. Anders als die Konkurrenz, die Moschus als Grundstoff einsetzte, benutzte Farina die leichte, belebende Bergamotte.

Der Duft *Farina Eau de Cologne* wurde in Kürze ein Renner. Auch weil sich die Kundschaft lieber parfümierte, als sich zu waschen. Zu den Käufer*innen zählten König Ludwig XV., König Friedrich der Große und Kaiserin Maria Theresia. Die Firma *Farina gegenüber dem Jülichs-Platz*, wie sie sich nach ihrer Adresse benannte, stieg zum großen Duftlieferanten auf. Von überall auf der Welt kamen die Bestellorder.

Das bekam der Kaufmann Mülhens mit und wollte genauso reich werden wie der Parfümeur Farina. Mülhens kopierte den Bergamotte-Duft, stellte einen Mann ein, der ganz zufällig ebenfalls Farina hieß, und verkaufte unter dessen Namen *Farina Eau de Cologne*. Produktklau vom Feinsten. Doch im Jahr 1881 war Schluss. Das königliche Oberlandesgericht zu Cöln verbot dem Kaufmann Mülhens die Verwendung des Namens Farina. Mülhens musste umdisponieren und taufte sein Duftwasser nach der Hausnummer seines Firmensitzes: *4711*.

13 HEILIGES KÖLN

WO MEHR NOCH VIEL MEHR IST

Ulla genießt den phänomenalen Blick auf den berühmten Kölner Dom. Sie sitzt in einem besonders von Tourist*innen hoch frequentierten Café mit großer Terrasse. Im Schatten des Doms ein gepflegtes Kännchen schwarzen Tee zu trinken fühlt sich nobel an. Nobel sind auch die Preise, die das Café für Speis und Trank aufruft. Nun gut, dafür hat man diese Dom-Aussicht. Zu oft kann sich Ulla das allerdings nicht leisten.

Als Influencerin lebt sie von ihren Auftraggeber*innen. Doch seit sie in Köln wohnt, haben sich einige von ihr verabschiedet. Sie versteht die Entscheidung. Es sind schleswig-holsteinische Kund*innen, die auf Regionalität setzen. Ulla ist in Itzehoe geboren, aufgewachsen und hat bis vor Kurzem dort gewohnt. Sie ist heimatverbunden, und das war der Grund, weshalb sie vor einigen Jahren ihren Blog begann. Sie schrieb über das, was sie fühlte, was sie tat und was sie sah. Das gefiel offensichtlich vielen Menschen. Ihren Fans, auch Follower*innen genannt, verdankt Ulla letztendlich Beruf und Berufung.

Es begann so: Ulla hatte auf ihrem Blog erzählt, wie sie Leinenstoff im traditionellen Hohenwestedter Blaudruck gefärbt hat. Vor dem Färben fixiert man Modeln, eine Art Schablonen, auf dem Stoff. An diesen Stellen bleibt die Ursprungsfarbe und bildet Muster auf dem gefärbten Grund. Daraufhin bekam Ulla so viele Posts wie noch nie. Die meisten Follower*innen baten um Fotos. Sie wollten nicht nur lesen, sondern auch sehen, wie Blaudruck funktioniert. Also tat Ulla, was gewünscht wurde. So kam eins zum anderen. Aus Blog wurde Blog mit Fotos, wurde Vlog, ein Blog mit Videos.

Ullas Follower*innen wurden immer mehr. Die Tausendermarke wurde überschritten, dann die 2.000. Da meldete sich ein Bekleidungshaus mit mehreren Filialen im Bundesland und bot ihr einen Job als freie Mitarbeiterin an. Ulla sollte über die Mode des Hauses vloggen. Nach und nach kamen weitere Aufträge. Von kleinen Boutiquen, Stoffherstellern, Trachtenvereinen. Und so wurde Ulla Influencerin.

Ihr Verdienst ist mal besser, mal schlechter. In Itzehoe konnte sie irgendwann gut davon leben. Im Moment aber läuft es wie zu Beginn ihrer Karriere: hundsmiserabel. Wie gut, dass Ulla bereits mit dem Kölschen Grundgesetz vertraut ist. Wie heißt es in Paragraf 4: »*Wat fott es, es fott.*« (Was fort ist, ist fort.) Mit anderen Worten: Jammer den Dingen nicht nach. Also Tee trinken und sich entsprechend Paragraf 3: »*Et hätt noch emmer joot jejange*« (Es ist noch immer gut gegangen), keine Sorgen machen. Ulla muss grinsen. Eigentlich hasst sie Kalendersprüche wie der Teufel das Weihwasser. Als kühle Norddeutsche weiß sie, dass Dinge gut werden, wenn man etwas dafür tut. Aber gut tut auch, die Dinge einfach mal laufen zu lassen.

Ullas Handy klingelt. Am anderen Ende ist der Onlineredakteur einer Kulturzeitschrift und will wissen, ob sie Zeit und Lust hat, einen Beitrag über die romanischen Kirchen in Köln zu schreiben.

ROM, RÖMER, ROMANIK

Der Begriff **Romanik** leitet sich von der Römerzeit ab. Man verwendete Stilelemente, die bereits in der Antike sehr beliebt waren: Säulen, Pfeiler und die besonders charakteristischen Rundbögen. Wichtige Elemente sind aber auch festungsartige Mauern mit kleinen Türen und Fenstern. Sie lassen die Bauwerke noch wuchtiger wirken.

Der Redakteur am anderen Ende der Leitung entpuppt sich als Follower von Ullas Blog. Da sich der von ihm gewünschte Text nicht an Kirchenexpert*innen, sondern an interessierte Laien richtet und locker verfasst sein soll, Ulla zudem in Köln lebt, fiel seine Wahl auf sie. Jetzt muss sie den Auftrag nur noch annehmen. Das tut Ulla, auch wenn Text und Fotos schon morgen früh online gehen müssen.

Ob Ulla den Job ihrem Blog, also ihrer Arbeit, oder dem Kölschen Grundgesetz zu verdanken hat, spielt keine Rolle. Sie ist einfach nur happy und legt direkt los. Nur eins ist bedauerlich: Der Kölner Dom ist keine romanische, sondern eine gotische Kathedrale. Bewundert hat Ulla ihn schon oft, betreten bisher noch nicht. Und auch jetzt spaziert sie an ihm vorbei in den historischen Teil der Stadt zur romanischen Kirche **Groß St. Martin**.

SANKT MARTINS FERIENWOHNUNG

Groß St. Martin gehört zum berühmten Kölner Postkartenpanorama vom Rhein auf die Altstadt. Die Kirche wurde in einer Zeit erbaut, als man den Dom noch gar nicht auf dem Schirm hatte. Von 1150 bis 1240, und zwar ganz prosaisch auf den Resten alter Sportanlagen römischer Soldaten und späterer Lagerhallen. Bereits in fränkischer Zeit (vom 5. bis 9. Jahrhundert) soll hier eine Kirche gestanden haben, die dem heiligen St. Martin geweiht war. Kein Wunder. Der Schutzheilige Martin von Tours war der beliebteste Heilige der Franken.

Da klingelt Ullas Handy. Noch ein Job? Nein. Es ist Stefan, der fragt, ob sie am Abend Lust hat, mit ihm ins Kino zu gehen. Ulla hat.

Bis dahin muss sie nur die Kölner romanischen Kirchen besuchen, fotografieren und darüber schreiben. Ganz easy.

Leck mich en de Täsch, wat für 'n Malör

Von wegen ganz easy. In Köln gibt es zwölf große und 16 kleine romanische Kirchen. Sie wurden in der Zeit von 800 bis 1500 erbaut. Dank des Handels war Köln damals die reichste Stadt Mitteleuropas und ab circa 1180 auch die größte Stadt Deutschlands. Man hatte also genug Geld, um prächtige Kirchen zu erschaffen und – typisch kölsch – seinen Reichtum auszustellen. Doch die Zeiten änderten sich.

In den Weltkriegen wurde Köln schwer getroffen. Auch die Kirchen. Sie sollten möglichst originalgetreu rekonstruiert werden. Aber der Wiederaufbau der Stadt verschlang sehr viel Geld. Da blieb für die Kirchen nur wenig übrig. Ende der 1970er Jahre waren deshalb noch viele Baustellen. Die damalige Stadtkonservatorin wollte das nicht länger hinnehmen und gründete den **Förderverein Romanische Kirchen Köln**. Mit dessen Hilfe erstrahlten die Kirchen bald wieder in neuem Glanz.

Schwaadschnüss

Das Rheinpanorama von Köln wird neben **Groß St. Martin** auch von **St. Kunibert** geprägt. Die Kirche ist eine der jüngsten romanischen Kirchen. Doch bereits im 7. Jahrhundert hatte der Namensträger, Erzbischof Kunibert von Köln, eine Vorgängerkirche erbauen lassen, in der er auch bestattet wurde. Man vermutet, dass diese Vorgängerkirche auf einer alten heidnischen Kultstätte entstand. 1210 wurde die neue Kirche St. Kunibert errichtet. Sie brauchte wegen des Gefälles zum Rhein einen Unterbau, den man als Krypta anlegte. Nach den schweren Zerstörungen im Zweiten Weltkrieg wurde die Kirche bis 1985 wiederhergestellt.

Eine Bodenplatte, 1955 von Elmar Hillebrand gestaltet, weist auf die Krypta und den **Kunibertspütz**, einen Brunnenschacht, hin.

Um den Pütz ranken sich einige Legenden. Eine besagt, dass auf dem Grund des Brunnens ein Paradies war, in dem Kinder spielten und von der Jungfrau Maria mit Brei gefüttert wurden. Die Kölner*innen glaubten deshalb, dass Babys nicht vom Storch gebracht wurden, sondern aus dem Kunibertspütz kamen. Bis ins 19. Jahrhundert tranken Frauen, die keine Kinder bekamen, Wasser aus dem Pütz, um ihre Fruchtbarkeit zu erhöhen. Daher stammt auch die Redensart, dass echte Kölner*innen mit dem Wasser aus dem Pütz in St. Kunibert getauft sind.

Ein Hauptwerk der rheinischen Romanik ist **St. Aposteln** am Neumarkt. Die Kirche des Apostelnstifts wurde im 11. Jahrhundert von Erzbischof Pilgrim gegründet.

Besonderer Berühmtheit erfreut sich auch **St. Maria im Kapitol**. Erbaut zwischen 1040 und 1065, und zwar auf den Resten eines römischen Tempels, wurde sie im Zweiten Weltkrieg am stärksten zerstört. Erhalten blieben aber einige Schätze. Darunter eine mit Schnitzereien verzierte Holztür aus dem Jahr 1060 und **Zint Märjens Repp** (St. Mariens Rippe). Nein, keine Rippe der heiligen Maria, sondern Knochen eines Grönlandwals. Der soll sich vor Millionen von Jahren in einen Arm des Rheins verirrt haben.

St. Gereon ist eine der ältesten romanischen Kirchen. Im 4. Jahrhundert als Friedhofskirche erschaffen, wurde sie im Laufe der Jahrhunderte erweitert und verändert und zu einer der optisch auffälligsten Kirchen. Hier steht auch die sogenannte Blutsäule. Der Legende nach wurden dort Soldaten brutal ermordet. Ihr Blut spritzte die Säule hoch. Fortan glaubten die Menschen an eine weissagende Kraft der Säule, die Gut von Böse unterscheiden könne.

St. Cäcilien nimmt sich dagegen einfach und bescheiden aus. Von 1130 bis 1160 erbaut, war sie eine Damenstiftskirche und beherbergt seit 1956 das städtische **Museum Schnütgen** für mittelalterliche Kunst.

St. Georg wurde 1067 unter Erzbischof Anno II. als Säulenbasilika geweiht. Ihr Namenpatron, der heilige Georg, im 3. Jahrhundert oströmischer Offizier, gehörte zu den Anhängern des damals verbotenen Christentums und wurde enthauptet. Ab dem 7. Jahrhundert verehrte man ihn als Märtyrer. Weitere Jahrhunderte später rankte sich um ihn die Legende, eine Königstochter vor einem Ungeheuer gerettet zu haben.

St. Pantaleon durchlebte wohl die wechselvollste Geschichte. Erbaut auf den Ruinen einer römischen Villa war sie einst Grabkirche, dann Benediktinerkloster, unter französischer Besatzung Pferdestall, unter preußischer Festungshof mit Telegrafenstation, dann evangelische Garnisonskirche und ab 1923 wieder katholische Kirche. Sie ist dem heiligen Pantaleon – das Wort stammt aus dem Syrischen und bedeutet in etwa »All-Erbarmer« – und den syrischen Brüdern Damian und Cosmas geweiht. Nach der Legende behandelten die Brüder kostenlos Kranke, aber nicht umsonst, denn sie nutzten die Behandlungszeit, um die Kranken zum Christentum zu bekehren.

St. Severin entstand um 300 als Friedhofskapelle auf einem römisch-fränkischen Gräberfeld. Später wurde sie immer wieder erweitert und verändert. Viele Bauteile wirken deshalb nicht romanisch, sondern schon gotisch.

St. Maria Lyskirchen ist eine der kleinsten romanischen Kirchen. Gebaut zwischen 1210 und 1220 und in den Weltkriegen kaum beschädigt. So sind noch Gewölbemalereien aus dem 13. Jahrhundert erhalten. Der Name Lyskirchen geht wohl auf eine reiche Patrizierfamilie ähnlichen Namens zurück. Sie stiftete der Stadt unter anderem die Kirche. Aber man kennt St. Maria Lyskirchen auch als sogenannte Schifferkirche. Die Kirche lag früher direkt am Rhein, heute hinter dem **Rheinauhafen**. In der Kirche befindet sich auch die Schiffermadonna, die Schutzpatronin der Rheinschiffer.

St. Ursula hat eine besondere Geschichte für die Stadt. Die Kirche entstand 1135 auf einem römischen Gräberfeld. An der Stelle wurden bereits seit dem 4. Jahrhundert Märtyrerinnen verehrt. Seit dem 17. Jahrhundert liegen in der **Goldenen Kammer** der Kirche die Reliquien der heiligen Ursula und ihrer Gefährtinnen.

Last but not least: **St. Andreas**. Hier trifft rheinische Spätromanik auf gotische Innenausstattung auf moderne Fenster des Künstlers Markus Lüpertz. Bereits in frühchristlichen Zeiten soll hier die Kapelle **St. Matthäus in Fossa** gestanden haben. Im 10. Jahrhundert wurde dann ein Chorherrenstift gegründet und dem heiligen Andreas geweiht. Hier ruhen seine Armreliquie, aber auch die Gebeine des heiligen Albertus Magnus.

Und dann gibt es noch die 16 kleinen romanischen Kirchen. Häufig kommen die kleinen Kirchen zu kurz, leider auch hier.

14 KÖLSCHE MYTHEN

ODER: DER HERR DER RINGE RESIDIERT AM FRIESENPLATZ

Nach den romanischen Kirchen, über die Ulla in Kürze und zur großen Zufriedenheit des Redakteurs gebloggt hatte, kommen auch schon die nächsten Aufträge. Und zwar so viele, dass Ulla ohne Unterlass, immerhin auf ihrem superduper ergonomischen Schreibtischstuhl, am Tisch sitzt und in die Tasten haut. Doch selbst der beste Schreibtischstuhl kann Bewegungsmangel auf Dauer nicht ausgleichen. Ullas Rücken schmerzt.

In Itzehoe ist sie regelmäßig schwimmen gegangen. In Köln nimmt sie es sich ständig vor und macht es dann doch nicht. Aber damit ist Schluss. Heute Abend wird sie in die Badeanstalt gehen.

Doch wie so oft kommt auch dieses Mal etwas dazwischen. Eine Whatsapp von Stefan, der sie an den Geburtstag seines Opas erinnert. Juppi wohnt wie Stefans Eltern in Dellbrück. Er wird 86 Jahre. Tatsächlich hatte Ulla das vergessen. Als ihr Opa im letzten Jahr 78 wurde, hatte sie ihn angerufen, gratuliert und ein Geburtsständchen zum Besten gegeben. Ihre Eltern waren zum Kaffeetrinken hingefahren. Das war alles. In zwei Jahren, zum runden Geburtstag, würde man groß feiern.

Anders in Köln. Da wird immer groß gefeiert. Ganz egal, ob es ein normaler oder ein runder Geburtstag ist, ob der mitten in der Woche oder auf dem Wochenende liegt. Es wird gefeiert, wie die Feste fallen. Rücksicht auf die arbeitende Sippschaft kennt man nicht. Für Ulla heißt das: Wieder keine Bewegung. Wieder kein Schwimmen. Sondern Feiern.

Juppi, Willis Vater, ist fit, gut drauf, trinkt gern »lecker Kölsch« und kennt viele Geschichten, die er gerne zum Besten gibt. Vor allem, wenn ihm eine hübsche junge Frau wie Ulla interessiert lauscht. Es fängt mit Juppis Kindheit an, den drei älteren Geschwistern, die bereits verstorben sind. Es geht über zu dem Tag, an dem der Vater bei einem Bombenangriff auf Köln fiel. Es folgen die vaterlose Zeit, die Armut, der Hunger und das *Fringsen*, das ihn trotz Krieg und Tod des Vaters mit Gott versöhnt hatte. Zumindest eine Zeit lang.

KLAUEN ERLAUBT

Unter *Fringsen* verstehen die Kölner*innen die temporäre Aussetzung des siebten Gebots der Bibel: »Du sollst nicht stehlen.« Ein biblisches Gebot temporär aussetzen? Was soll das denn heißen?

Die Geschichte vom *Fringsen* führt zurück in das Jahr 1946. Deutschland hatte den Krieg verloren. In Köln lagen 90 Prozent der Innenstadt in Schutt und Asche. Die Kölner*innen, die während der Bombenangriffe geflohen waren und sahen, dass der Dom noch stand, kehrten in die Stadt zurück. Aber es gab kaum Arbeit, kaum Essen, und der Kälte des Winters 1946 war man schutzlos ausgeliefert. Eine schlimme Zeit.

1946 hielt der beliebte Kölner Erzbischof Josef Frings eine legendäre Silvesterpredigt in der **St. Engelbert Kirche** in **Köln-Riehl**: »Wir leben in Zeiten, da in der Not auch der Einzelne das wird nehmen dürfen, was er zur Erhaltung seines Lebens und seiner Gesundheit notwendig hat, wenn er es auf andere Weise, durch seine Arbeit oder durch Bitten, nicht erlangen kann.« Damit wurde das siebte Gebot, »du sollst nicht stehlen«, von der höchsten katholischen Instanz in Köln vorübergehend aufgehoben. Diebstahl war offiziell keine Sünde mehr.

Das ließen sich die Kölner*innen nicht zweimal sagen. Tatsächlich überlebten viele Menschen den schweren Winter nur durch das *Fringsen*. So wurde das erlaubte Stehlen zu Ehren des Erzbischofs genannt. Nebenbei ersparte Josef Kardinal Frings damit seinen Pastoren viel Arbeit. Diebstahl musste nicht gebeichtet werden. Außerdem sorgte es dafür, dass die katholische Kirche bei der Kriegsgeneration nicht zu sehr in Frage gestellt wurde. Später wurde *Fringsen* ein Synonym für »Mundraub begehen«. Der Begriff fand sich sogar mal im Duden.

Juppi erzählt von seiner Ausbildung bei **Brenninkmeyer**, dem heutigen Kaufhaus C&A. Deshalb war die ganze Familie plötzlich *staats* angezogen. Ulla sieht fragend zu Stefan, der ihr die Übersetzung zutuschelt: »ordentlich angezogen«. Als sich das Zehn-Literfässchen Kölsch, das in Köln *Pittermännchen* heißt, seinem Ende zuneigt, kommt die Rede auf die gerne von Kölner*innen glorifizierte kriminelle Vergangenheit der Stadt.

KLEIN, ABER OHO

Wie das *Pittermännchen* zu seinem Namen kam, lässt sich nicht eindeutig klären. Zwei Versionen sind geläufig: Eine geht darauf zurück, dass in Köln der Vatertag früher am 29. Juni, dem Namenstag von Peter und Paul, gefeiert worden sein soll. Da traditionell die Männer mit einem Zehn-Liter-Fässchen Kölsch auf Tour gingen und der Pitter die kölsche Variante von Peter ist, nannte man das Fässchen *Pittermännchen*. Allerdings hat diese Erklärung einen Haken bzw. zwei:

Brauchtumsforscher bezweifeln, dass in Köln der Vatertag nicht, wie überall sonst auch in Deutschland, an Christi Himmelfahrt gefeiert wurde. Und zweitens gab es den Begriff *Pittermännchen* in Köln lange bevor der Vatertag nach dem Zweiten Weltkrieg eingeführt wurde.

Die andere Version leitet das Wort *Pittermännchen* vom Rheinländischen Regiolekt ab. *Pitter* war eine Vorsilbe, mit der man etwas Kleines bezeichnete. Ihr Ursprung soll in der französischen Besatzungszeit Ende des 18. Jahrhunderts liegen und stammt vom französischen *petit* (»klein«) ab.

Juppis Erzählungen über die Zeit in den 1960er und 1970er Jahren, als Köln das »Chicago am Rhein« genannt wurde, klingt in Ullas Ohren, als sei die Stadt Kulisse für die alten französischen Kriminalfilme gewesen, die Ulla so liebt. Zum Beispiel Jean-Paul Melvilles *Der eiskalte Engel*, *Vier im roten Kreis* oder *Der Teufel mit der weißen Weste*. Sie stellt sich vor, wie Alain Delon, Lino Ventura und Jean-Paul Belmondo in ihren perfekt geschneiderten Anzügen durch Köln stolzierten.

Laut Juppi hatten die Ganoven damals noch Ethos. Wenn es mal Ärger untereinander gab, trafen sie sich und regelten die Sache unter Männern. Wie zum Beispiel im September 1975. *»Do trofen sich de Schäfers Nas un de Dummse Tünn ...«*

Ulla kann nicht anders, sie muss über diese ultrakomischen Namen lachen. Irritierte Blicke treffen sie. Eilig verwandelt Ulla den Lach- in einen Hustenanfall um.

Juppi reicht ihr das Wasserglas. *»Drink wat, Mädche.«*

Ulla nimmt einen Schluck und Juppi den Faden wieder auf. Damit Ulla alles versteht, bemüht er sich um bestes Hochdeutsch.

Also: Der Schäfers Nas und der Dummse Tünn trafen sich mit ihren Gangs um zwei Uhr nachts auf der Straße. Sie wollten ein für alle Mal klären, wer der König vom Ring ist – also wer die Schutzgelder von den Clubs der Kölner Prachtstraße bekommt. Weil sie Ehre im Leib hatten, gab es keine Pistolen und keine Messer. Mit bloßen Fäusten wurde die Sache ausgetragen. Schäfers Nas gewann, und von da an gehörte ihm der Ring.

Später gelangte er über die Stadtgrenzen hinaus zu Berühmtheit: Nicht als Gangster, denn er war bereits im Ganoven-Ruhestand, sondern als Wohltäter. Diebe hatten ein wertvolles Kreuz aus der Domschatzkammer gestohlen. Für die Nas war das ein Sakrileg: *»Die Kirche beklaut man nit.«* (Die Kirche bestiehlt man nicht.) Sie hörte sich im Milieu um und konnte wenige Tage später Domprobst Norbert Henrichs das gestohlene Kreuz zurückgeben. Selbstverständlich verzichtete er auf die Belohnung von 3.000 Mark und bat nur um eine Fürbitte in der nächsten Messe, was auch geschah.

Juppi sieht Ulla erwartungsvoll an. *»Su sin bei uns dä Janowen. Wat sähs de jetzt, Mädche?«* (So sind bei uns die Ganoven. Was sagst du jetzt, Mädchen?)

»Na ja«, formuliert Ulla vorsichtig. »Verbrecher waren sie aber trotzdem.«

Auf Juppis Gesicht gefriert das Lächeln.

Leck mich en de Täsch, wat für 'n Malör

Ulla hat streng genommen nichts falsch gemacht. Die Leute waren Straftäter. Zum Teil sogar äußerst brutale. Schutzgeld treibt man nicht mit guten Worten ein, Frauen bittet man nicht mit Dackelblick zur Prostitution, und Konkurrenten kickt man nicht bei einer Partie *Mensch ärgere Dich nicht* aus dem Geschäft. Aber Kölner*innen verklären gerne die Vergangenheit, und so werden aus Gangstern zwar keine Engel, aber zumindest Ganoven, die *»dat hätz am rechten Mol han«* (das Herz am rechten Fleck haben).

Vermutlich spielt hier auch der Lokalpatriotismus eine Rolle. Heute sind die Rotlichtviertel überwiegend in der Hand ost- und südosteuropäischer Banden, deren Brutalität offensichtlich ist. Genauso brutal agierten natürlich auch die Kölner Banden, als sie die

Rotlichtbezirke noch beherrschten. Nur will das der Lokalpatriotismus nicht zulassen: So können unsere eigenen Jungs doch nicht gewesen sein. Und deshalb kursieren heldenhafte Ganovengeschichten, wie die von Schäfers Nas und dem Domschatz.

Schwaadschnüss

Tatsächlich galt Köln Mitte der 1960er bis Anfang der 1970er Jahre als kriminelle Hochburg Deutschlands. Die Zahl der Straftaten erhöhte sich in der ersten Hälfte der 1960er Jahre von etwa 6.000 jährlich auf über 50.000 Verbrechen. Die Aufklärungsrate lag bei traurigen 34 Prozent. Menschenhandel, Zuhälterei, Erpressung und andere Kapitalverbrechen standen auf der Tagesordnung. Die Kölner Ganoven waren alles andere als Gentlemen-Verbrecher. Da darf man sich von Namen wie Schäfers Nas, Dummse Tünn, Abels Män, Essers Häns oder Frischse Pitter nicht täuschen lassen. Auch wenn sie wie die Spitzbuben aus einem volkstümlichen Millowitsch-Schwank klingen, waren sie alle Gewaltverbrecher.

Die kriminellen Karrieren der meisten Kölner Ring-Gangster entstanden im Umfeld des stadtbekannten Gastronomen Hans Herbert Blatzheim. Er war der Stiefvater der Schauspielerin Romy Schneider. Ihm gehörten Revuetheater, Varietés, Restaurants und Clubs. Heinrich Schäfer alias Schäfers Nas und Anton Dumm alias Dummse Tünn waren vorher Bau- und Hafenarbeiter, wurden dann Türsteher in den Blatzheim-Clubs und ließen nebenher Mädchen, die sie bei ihrem Job kennenlernten, für sich anschaffen.

Anfang der 1970er Jahre ging die goldene Ära der Kölner Unterwelt zu Ende. Gangs aus dem Ausland eroberten Köln und verdrängten die alteingesessenen heimischen Ganoven von den Ringen, aus der Friesenstraße und vom Eigelstein.

15 ZURÜCK IN DIE VERGANGENHEIT

ABER *THE SHOW MUST GO ON*

Nach Juppis Geburtstagsfeier schläft Ulla nur wenige Stunden und träumt von bizarr aussehenden Männern mit Minipli, Hufeisenschnäuzer und mehr Goldschmuck, als sich ein amerikanischer Gangsterrapper umhängen würde. Als Romy Schneider in Kaiserin-Sisi-Kostümierung auf einem Schimmel auf sie zureitet und ihr ein Stück Sachertorte anbietet, wacht Ulla auf. Nicht wegen der Sachertorte, sondern weil ihr Handy klingelt. Neben ihr ist das Bett bereits leer. So ist Stefan: Egal wie spät es am Abend vorher wurde, er geht pünktlich zur Arbeit, weil, wie sein Vater Willi sagt: *»Wer suffe kann, dä kann och arbidde!«* (Wer trinken kann, der kann auch arbeiten.)

Am Handy ist Björn, ein alter Kollege von Ulla, der mittlerweile in Hamburg bei einer Werbeagentur arbeitet. Verschlafen nimmt sie den Anruf entgegen und ist erst einmal überrumpelt, als er sie nach Kölner Locations für eine Fotostrecke über die Mode der 1970er Jahre fragt. »Du wohnst doch in Köln«, meint er.

Tja, das nennt man Schicksal. Dank Juppis Geschichten von letzter Nacht kann Ulla direkt punkten: Chicago am Rhein, Goldene Ära der Unterwelt und Minipli. Björn ist begeistert und beauftragt sie, ihm bis abends Location-Vorschläge zu schicken. Ulla ist sofort hellwach.

Wie gut, dass an jeder Ecke E-Roller herumstehen. Damit fährt sie ins **Friesenviertel** zum **Klein Köln**, einer legendären Kneipe, die 1926 eröffnet wurde. Sie war die erste der Stadt mit Tages- und Nachtkonzession. Hier gaben sich die Unterweltgrößen die Klinke in die Hand. Ab 1962 war die Kneipe offizielles Wiegelokal für sämtliche Profiboxkämpfe in Köln. Das heißt, hier wurden die Boxer vor ihren Kämpfen gewogen, um zu kontrollieren, ob ihr Kampfgewicht den Regeln entspricht. Die Kämpfe selbst fanden meist in den **Sartory-Sälen** statt. Die liegen genau gegenüber.

Aber das Ganoven-Köln ist perdu, stellt Ulla irgendwie enttäuscht fest. Das Sartory ist heute eine Event-Location, und das Klein Köln hat nur noch Freitag, Samstag und vor Feiertagen auf, dann bis spät in die Nacht. So bleibt Ulla bloß, ein paar Fotos von außen zu machen. Immerhin: Das Lokal sieht noch einen Hauch verrucht aus.

Ullas nächste Station ist die **Ehrenstraße**, genauer gesagt die **Kleine Brinkgasse**, die von der Ehrenstraße abgeht. Auch hier erinnert nichts mehr an die Rotlichtvergangenheit. Restaurant, Boutiquen und Läden säumen heute die Straße, wo früher ein Bordell neben dem anderen stand. So langsam verzweifelt Ulla. Hat sie den Mund zu voll genommen und Björn zu viel versprochen? Stefan muss ihr helfen. Das ist ein Notfall!

Wie gut, dass ihr Freund in wievielter Generation auch immer Kölner ist. Er schickt sie zum **Eigelstein**. Und da findet sie, was sie sucht: Die Location für die Fotostrecke Chicago am Rhein, genauer gesagt in den Straßen **Gereonswall**, **Eintrachtstraße** und vor allem **Im Stavenhof**. Wie schön, dass keine Passanten die Illusion zerstören, in den 1960er und 70er Jahren zu sein. Alte Häuser, an denen die Gentrifizierung zum Glück bisher noch vorbeigegangen ist. Kopfsteinpflaster, das man nur in sehr wenigen Ecken Kölns findet. Alte Straßenlaternen, die die enge Gasse abends sicherlich in schummriges Licht kleiden. Prostitution gibt es aber noch heute hier. Große bunt beleuchtete Hausnummern locken die Freier in diskrete Bordelle. Kneipen mit dem Begriff »Eigelstein« im Namen dienen der Kundenanbahnung. Einfachste Hotels vermieten Zimmer stundenweise.

Ulla macht sich auf die Suche nach Roswitha aus dem Milieu, wie Stefan sie genannt hatte. Roswitha war schon während der Goldenen Jahre der Kölner Unterwelt gewerbsmäßig aktiv und ist es immer noch. Sie sitzt, wie vermutlich viele Prostituierte in den 1960er Jahren, am Fenster ihres Arbeitsplatzes und wartet auf Kunden. Ist keiner in Sicht, hält sie ein Schwätzchen mit Passant*innen aus dem *Veedel*.

Ulla stellt sich vor, wie die damals berühmt-berüchtigten Rotlichtkönige Schäfers Nas oder der Dummse Tünn mit ihrem Gefolge vorbeikamen, um ihre Geschäfte zu erledigen – und hört plötzlich einen lauten Knall. Etwa ein Schuss? Sie hat noch nie wirklich einen Schuss gehört. Dann folgt Gebrüll: »Hinlegen! Keiner folgt mir! Sonst passiert was!« Ulla sieht einen Maskierten, der mit einer Pistole in der Hand aus einem der Juweliergeschäfte stürmt und in ein Auto springt. Die Tür wird zugeschlagen, der Motor angelassen, Kavalierstart. Ein weiterer Mann folgt, unmaskiert, aber mit Pistole in der Hand. Er zielt auf das Auto. Ein Schuss. Da rast das Fluchtauto auch schon in den engen Stavenhof direkt an Ulla vorbei. Der Fahrer verliert die Kontrolle über sein Gefährt, rammt ein parkendes Taxi, fliegt dabei halb durch die Luft, kriegt den Wagen wieder in den Griff und jagt endgültig davon.

Ulla verharrt geschockt. Da tauchen in der Straße auch schon zwei Männer auf, die ihr irgendwie bekannt vorkommen. Klar, das sind Schauspieler aus dieser Fernsehserie, die Stefan manchmal guckt: *Cobra 11*. Jemand schreit durch ein Megafon: »Was ist denn das für eine Scheiße? Was macht die Tussi im Bild?«

Leck mich en de Täsch, wat für 'n Malör

Köln war Hauptstadt des Verbrechens in Deutschland, heute ist es Hauptstadt der Fernsehproduktion. Rund ein Drittel des deutschen Fernsehprogramms wird hier produziert. Teilweise in den Filmstudios der Stadt, zum Teil in den Straßen Kölns, gerne in den besonders malerischen. Mit anderen Worten: Wenn man nicht aufpasst, gerät man schnell in Dreharbeiten hinein. Zwar werden die Anwohner*innen in der Regel informiert, weil Straßen gesperrt sind und es lauter werden kann oder gar Schüsse fallen. Zufällig vorbeispazierende Passant*innen stoppt normalerweise die Filmcrew. Trotzdem kann es immer mal wieder passieren, dass jemand durchrutscht und mitten in Dreharbeiten läuft. Das kostet die Produktion Zeit und Geld, eine genau durchchoreografierte Szene ist nicht mehr zu gebrauchen und muss noch mal gedreht werden. Da wird ein Aufnahmeleiter schon mal sauer.

Schwaadschnüss

Über 500 Millionen Euro werden jährlich in Köln und der Region mit der Produktion von Fernsehfilmen, -serien und -shows erwirtschaftet. Auftraggeber sind in erster Linie die neun Sender, die hier täglich Programm machen, darunter mit dem Westdeutschen Rundfunk (WDR) die größte öffentlich-rechtliche Rundfunkanstalt und mit RTL der umsatzstärkste Privatsender Europas. Ausschließlich mit Kölner TV-Produktionen könnte ein Sender sein Programm 100 Tage lang rund um die Uhr bestreiten. Der WDR gibt circa ein Viertel aller Produktionen der ARD in Auftrag. RTL erreicht laut eigenen Angaben täglich 30 Millionen Menschen mit seinem Programm. Rund um diese beiden Platzhirsche haben sich in der Stadt etwa 60 Film- und Fernsehproduktionen angesiedelt. Circa 8.500 sozialversicherungspflichtige Beschäftigte arbeiten hier laut Bundesagentur für Arbeit bei Rundfunkveranstaltern, Hörfunk- oder Fernsehproduktionen. Film- und Videofilmhersteller*innen haben weitere knapp 4.400 Mitarbeiter*innen, die neben dem Fernsehgeschäft dafür sorgen, dass in Köln auch großes Kino entsteht. Unter anderem in den MMC-Studios in Köln und Hürth standen bei internationalen Produktionen schon Weltstars wie Gerard Depardieu vor der Kamera.

Rund 1.200 Drehgenehmigungen erteilt die Stadt im Jahr. Da sich die Zuschauer*innen gerne von Krimis unterhalten lassen, werden in Köln auch besonders viele produziert. Zum Beispiel der Kölner *Tatort.* Aber nicht nur der. Wegen der guten Infrastruktur dreht man hier auch etliche Szenen anderer *Tatorte.* Im *Tatort* Münster kann man Orte aus Köln entdecken, aber auch im *Tatort* Dortmund. Und nicht nur das ARD-Erfolgsformat wird in Köln gedreht, auch *Cobra 11* und *SOKO Köln.* Viele populäre Shows werden in oder vor den Toren Kölns produziert: DSDS *(Deutschland sucht den Superstar),* WWM *(Wer wird Millionär)* oder auch *Frag doch mal die Maus.*

Fun Fact am Rande: Es gibt eine Verbindung zwischen der damaligen Zeit, als Köln Kriminalitätshochburg war, und Kölns heutiger Rolle als Medienhauptstadt. Friseur vom Kölner Ring-König, Schäfers Nas, war Bert Wollersheim. Der beschloss später selbst Bordell-König zu werden. Allerdings in Düsseldorf. Wer ihn nicht kennt: Heute tourt Bert Wollersheim als geläuterter und pleitegegangener Ex-Bordellbesitzer durch die deutschen Reality-Formate wie *Die Wollersheims – Eine schrecklich schräge Familie!* (RTL II), *Der Trödeltrupp* (RTL II) oder *Das Sommerhaus der Stars – Kampf der Promipaare* (RTL).

16 SUPER RHEINBLICK

ABER DIE PERSPEKTIVE MUSS STIMMEN

»Wo ist die Zeitung von gestern?«, ruft Stefan genervt durch die Wohnung.

Ulla, die gerade noch verträumt ihre Zähne geputzt hat, fällt beinahe die Zahnbürste aus der Hand. Stefans Wohnung ist nicht mal 35 Quadratmeter groß. Nur eine dünne Rigipswand trennt das Bad von der Küche und damit Ulla von ihrem Freund. Die Zeitung von gestern? Ulla erinnert sich dunkel. Sie hat heute Morgen aufgeräumt und dabei auch alte, in der Wohnung herumliegende Zeitungen in den Altpapiercontainer entsorgt. Gut möglich, sogar höchstwahrscheinlich, dass die von gestern dabei war.

Ulla arbeitet von zu Hause aus. Als Mode-Influencerin muss sie kreativ sein, und dafür braucht sie Ordnung. Deshalb ihre Aufräumaktion. Aber es ist Stefans Wohnung und sie der Eindringling. Er hat für sie einen Teil seiner Sachen bei seinen Eltern untergestellt. Er hat sich in allem eingeschränkt, damit sie genug Freiraum hat und ihren Kram und sogar Möbel herbringen konnte. Und sie benimmt sich, als gehöre die Wohnung ihr.

Kleinlaut spült Ulla ihren Mund aus und eilt aus dem Bad, um mit Stefan zu reden. Der ist umgekehrt auf dem Weg zu ihr. Prompt stoßen sie zusammen und platzen gleichzeitig heraus: »Sorry! Ich wollte nicht ...« Sie müssen lachen. Dann macht Ulla den Anfang und entschuldigt sich für ihr übergriffiges Verhalten. Sie hätte Stefan fragen müssen, bevor sie seine Zeitungen wegwirft. Und Stefan tut seine Rücksichtslosigkeit leid. Denn Ulla hat aus Liebe zu ihm ihr Zuhause auf wenige Quadratmeter eingedampft. Das Mindeste, was er tun kann, ist kein Chaos in den paar Quadratmetern zu verbreiten.

Schon nehmen sie sich in die Arme, küssen sich und malen sich schmusend ihre Traumwohnung aus. Mitten in der Stadt, mit riesigem Garten, Dachterrasse oder einfach beidem. Altbau wegen der schönen Stuckdecken oder lieber modern wegen der Bequemlichkeit. Swimmingpool, Spielplatz für den Nachwuchs. Grinsen auf ihren Gesichtern über die Zukunftsträume.

Dann beginnen sie realistisch zu überlegen, wie ihre gemeinsame Wohnung aussehen sollte. Ulla wünscht sich, wenn auch nur winzig, einen Büroraum, einen Balkon, natürlich zentral gelegen, mit Blick auf den Rhein. Und selbstverständlich bezahlbar.

»Träum weiter!«, meint Stefan.

Dabei findet Ulla ihre Vorstellungen ganz vernünftig – bis sie bei den ersten Wohnungsbesichtigungen mit der Realität konfrontiert wird: Gemeinsam steht sie sich mit Stefan in den Warteschlangen die Beine in den Bauch, trägt sich in Interessentenlisten ein, gibt private Infos bei den »Interviews« preis, nur um ein paar Tage später mit einer schnöden Absage abgespeist zu werden.

Wie soll es weitergehen? Während sich Stefan die Situation, in Ullas Augen, mit seinem *»Et kütt, wie et kütt«* (Es kommt, wie es kommt) schönredet, geht Ulla in die Offensive. Denn für sie kommt es nur dann, wie es kommen soll, wenn man auch was dafür tut. Also verteilt sie Flyer, gibt Annoncen auf, checkt Wohnungs-Plattformen. Umsonst!

Als man Ulla für eine Modestrecke freie Hand lässt, beschließt sie, ihre eigene Situation als Wohnungssuchende zu inszenieren, und so stellt sie sich vor verschiedenen Hauseingängen in Pose: als perfekte Mieterin seriös zugeknöpft im Kostüm oder als freches Girlie in kurzen Hosen, Boots und Hoodie oder als Powerfrau in Sneakers und Sportoutfit. Jedes Filmchen endet mit bedauernden Sätzen wie »Leider schon vermietet«, »Wir nehmen nur verheiratete Paare« oder »Tragen sie sich in die Warteliste ein«. Die Modestrecke kommt super an. Ulla erntet viel Lob, Mut machende Kommentare und – sie traut ihren Augen kaum: ein Wohnungsangebot in Köln: 60 Quadratmeter, 3 Zimmer, Küche, Bad, Balkon und preislich im Budget!

Sie sieht sich die Wohnung an und ist umgehend verliebt. Altbau, mit Balkon und Blick auf den Rhein. Stefan wird vor Freude ausrasten. Hibbelig erwartet sie seine Rückkehr von der Arbeit, um ihm um den Hals zu fallen und ins Ohr zu jubilieren, dass sie die beste und perfekte Wohnung aller Wohnungen gefunden hat.

Stefan rastet tatsächlich aus. Erst vor Freude, dann vor Entsetzen, als er erfährt, dass die Wohnung in **Köln-Deutz** ist und damit auf der *Schäl Sick!* »Da kriegen mich keine 10 Pferde hin!«

Leck mich en de Täsch, wat für 'n Malör

Für Nicht-Kölner*innen sicher unbegreiflich. Aber rechtsrheinisch wohnen geht für echte Kölner*innen gar nicht. Und der Kölner Stadtteil Deutz liegt genau dort und damit auf der *Schäl Sick*. Der Rhein gilt quasi als Kölns natürliche Trennlinie. Es gibt linksrheinische Stadtteile und rechtsrheinische. Und das macht einen großen Unterschied. Linksrheinisch ist super, rechtsrheinisch geht gar nicht. Für Kölner*innen, selbst wenn sie rechtsrheinisch geboren wurden und aufwuchsen, gibt es nur eins: rübermachen. Auch wenn es auf der rechten Seite mindestens so schön ist wie auf der linken, selbst wenn die Wohnungen dort günstiger sind, selbst wenn man dort einen fabelhaften Rheinblick inklusive bekommt, das (Vor-) Urteil ist gesetzt.

Und so gehört *Schäl Sick* mittlerweile zum festen Begriffsrepertoire Kölns. *Sick* heißt übersetzt Seite. *Schäl* kommt von scheel oder schielen, steht aber im übertragenen Sinn für schlecht oder falsch. Und wer will schon auf der schlechten oder falschen Seite wohnen? Gewiss keine Kölner*innen!

Schwaadschnüss

Der schlechte Ruf der Schäl Sick liegt vermutlich in den römischen Ursprüngen Kölns. 58 v. Chr. begann Caesar seinen Eroberungsfeldzug nach Gallien. Im Rheinland unterwarf er den dort lebenden keltisch-germanischen Stamm der Eburonen. Die aber verbündeten sich mit ihren Nachbarstämmen und lehnten sich mit einem brutalen Angriff gegen die römische Herrschaft auf. Die Römer antworteten mit einem Rachefeldzug, vernichteten die Eburonen und hinterließen ein nahezu entvölkertes Gebiet. Urwald und Sümpfe breiteten sich aus.

Erst als Agrippa 39 v. Chr. als Statthalter für ganz Gallien eingesetzt wurde, sollte sich das ändern. Denn auch das von Caesar eroberte linksrheinische Germanien fiel unter seine Herrschaft. Hier siedelten sich die Römer an, bauten eine Infrastruktur auf, während auf der rechtsrheinischen Seite die verstreuten, wilden Germanenstämme hausten. Für die Römer waren die einfachen Bauern unzivilisierte, brutale Barbaren. Und damit nahm das Stigma der rechten Rheinseite Kölns seinen Lauf. So weit die Erklärung für den schlechten Ruf der rechtsrheinischen Gebiete.

Für den Begriff *Schäl Sick* gibt es eine weitere Erklärung. Sie hat mit den Anfängen der Frachtschifffahrt auf dem Rhein zu tun. Damals – die ersten Nachweise gibt es aus dem 8. Jahrhundert – trieben die Schiffe mit der natürlichen Wasserströmung und dem Wind. Das funktionierte aber nur flussabwärts. Flussaufwärts mussten die Schiffe gezogen werden. Anfangs von Sklaven, später von Pferden. Das hieß treideln, vom lateinischen Wort *tragulare* für ziehen. Die Zugpferde wurden von Treidelknechten direkt am Ufer entlang auf schmalen Pfaden geführt. Diese Wege hießen Treidelpfade oder auch Leinpfade, wegen der schweren Leinenstricke, mit denen die

Schiffe gezogen wurden. Heute erinnern zum Beispiel noch Straßenbezeichnungen, wie der **Rodenkirchener Leinpfad** im Kölner Stadtteil **Rodenkirchen**, an das alte Treidelgewerbe.

Schien damals die Sonne und spiegelte sich auf dem Wasser, wurden die Tiere geblendet. Sie fingen an zu blinzeln und zu schielen. Um die Augen der Pferde vor Schäden zu schützen, legten die Treidelknechte ihnen Scheuklappen an. Damit konnten sie das andere Rheinufer nur noch schlecht sehen. Schielen und schlecht heißt seitdem übersetzt auf Kölsch *schäl*.

Auch wenn *schäl* einen schalen Beigeschmack hat, so gehört es doch zu Köln und den Kölner*innen dazu. Das berühmte 1802 gegründete **Hänneschen-Puppentheater** in der Kölner Altstadt stellt mit zwei seiner Stockpuppen die kölsche Mentalität dar. Sie heißen Tünnes und Schäl.

Der Tünnes, die rheinische Kurzform von Anton, ist ein kleiner, dicker, knollennasiger Bauer, einfach gestrickt, aber bauernschlau und schlagfertig. Ein gemütlicher Typ mit dem Herz auf dem rechten Fleck. »*Dat is 'ne Tünnes*«, heißt es in Köln oft, wenn man von einem liebenswerten, aber etwas einfältigen Menschen spricht. Der Schäl dagegen ist groß gewachsen, dünn und extrem schielend. Angeblich, weil er immer nach dem Erfolg schielt. Er kommt als feiner Mann in Frack, Krawatte und Hut daher, aber in Wirklichkeit ist er respektlos, schlitzohrig und listig. Ein halbseidener Kleingauner sozusagen. Tünnes und Schäl bilden eine untrennbare Einheit. Zusammen stehen sie für den typisch kölschen Charakter.

In der Altstadt vor der Kirche **Groß St. Martin** wurde ihnen ein Denkmal gesetzt. Dem Tünnes an der Nase zu reiben soll Glück bringen. Sein bronzenes Riechorgan ist vom vielen Reiben bereits ganz hell.

17 DAS BISSCHEN UMZUG

WIE KARNEVAL, NUR ANDERSRUM

Der Samstagvormittag des ersten Juliwochenendes. Stefan packt seine Fußballsachen zusammen. Er hat am frühen Nachmittag ein Spiel mit seinem 1. FC Luschenpack und ist überrascht, dass Ulla dieses Mal nicht mitkommen will, um ihn und seine Mannschaft anzufeuern. Aber Ulla hat etwas anderes vor. Sie möchte sich mit einem alten Kollegen aus ihrer Heimat treffen, der an diesem Wochenende in Köln ist. Björn hat Karriere im Branded Entertainment gemacht und gibt zu dem Thema ein Seminar in einer Hochschule für Medien in der Nähe des Neumarkts.

Ulla freut sich auf das Treffen. Björn war immer ein angenehmer Kollege, und der Bereich Branded Entertainment interessiert sie brennend. Hier geht es mehr oder weniger um hochwertig fürs Internet produzierte Fiction-Serien, die von Firmen finanziert werden, die damit Werbung machen wollen, die nicht gleich als Werbung erkannt wird. Ein Riesenmarkt. Vielleicht gibt es ja für Ulla Möglichkeiten, da mitzumischen. Darüber will sie mit Björn nebenbei auch noch sprechen.

Stefan wünscht Ulla einen tollen Nachmittag, stutzt aber dann, als er erfährt, wo sich seine Freundin mit ihrem alten Kollegen treffen will: in einem In-Lokal im Bermudadreieck.

REGENBOGENSZENE

Das Bermudadreieck rund um die **Schaafenstraße** und den **Mauritiuswall** ist der LGBT-Hotspot der Stadt. Hier gibt es eine bundesweit einmalige schwul-lesbische Kneipendichte mit acht Lokalen auf 150- Metern und weiteren Cafés, Saunen, Restaurants und Partylocations in Laufweite. Viele Menschen aus der LGBT-Community schätzen schon seit vielen Jahren die tolerante Lebenshaltung in der Stadt am Rhein.

Es gibt sogar zwei Schwulenszenen: einmal das Bermudadreieck. Hier ist es bunt, laut, jung, szenig. Die Jagdgründe der Fashion-Boys. Zum anderen in der Altstadt. Das zweite Epizentrum der Stadt liegt zwischen den Bars am **Alter Markt** und den Leder- und Fetisch-Etablissements am **Mühlenbach**. Das Ambiente ist dunkel, älter, bärtiger und bäriger.

Ulla beruhigt Stefan, Björn ist selbst schwul. Er wird sich sicher freuen, ein paar hübsche gleichgesinnte Jungs um sich herum zu haben. Und wenn sie damit Björns Laune verbessern kann, tut sie das doch gerne.

Aber das ist es nicht, was Stefan Sorgen macht. Er macht seine Freundin auf das heutige Datum aufmerksam: Es ist das erste Wochenende im Juli! In Köln ist CSD!

TAG DER PARADIESVÖGEL

CSD steht für **Christopher Street Day**, den Fest-, Gedenk- und Demonstrationstag der Lesben-, Schwulen-, Bisexuellen- und Transgender-Community. Demonstriert wird an diesem Tag für die Rechte der LGBT-Gruppen und gegen ihre Diskriminierung und Ausgrenzung durch die Gesellschaft.

Der CSD bezieht sich auf den ersten bekannt gewordenen Aufstand von Homosexuellen und anderen sexuellen Minderheiten gegen Polizeiwillkür in New York. In den frühen Morgenstunden des 28. Juni 1969 kam es in der **Christopher Street** im Stadtviertel **Greenwich Village** zum sogenannten Stonewall-Aufstand.

Wieder einmal hatte es in der Bar **Stonewall Inn** eine willkürliche und gewalttätige Polizeirazzia gegeben. Doch anders als sonst wehrten sich insbesondere Dragqueens, transsexuelle Latinas und Schwarze. Es kam zu tagelangen Straßenschlachten mit der New Yorker Polizei.

Um dieses Akts der Befreiung zu gedenken, wurde das Christopher Street Liberation Day Committee gegründet. Seitdem wird am letzten Samstag im Juni mit einem Straßenumzug an den Beginn des Aufstands erinnert. Diese Tradition verbreitete sich nach und nach in der Welt. Im deutschsprachigen Raum finden die größten CSD-Umzüge in Köln und Berlin statt. Hier feiern jeweils über eine Million Menschen aus der LGBT-Community. Nur der Zeitpunkt hat sich verschoben. In Köln findet der CSD am ersten Juliwochenende, in Berlin Ende des Monats statt.

Die Bezeichnung der Parade als Christopher Street Day gibt es nur in Deutschland, in Teilen Österreichs und der Schweiz. In englischsprachigen und romanischen Ländern heißt er **Gay Pride** oder **Pride Parade**.

»Ach, du übertreibst doch«, findet Ulla.

»Wenn du mir nicht glaubst, okay. Dann tu, was du nicht lassen kannst«, unkt Stefan lachend.

Ulla kann sich vorstellen, dass das Bermudadreieck am Abend voll und laut ist, aber doch nicht zur Mittagszeit. Also schwingt sie sich auf ihr Fahrrad, und los geht es.

Auf dem Weg muss sie immer wieder schrill ge- und verkleideten Menschen mit bizarren Perücken ausweichen. Sie hört Marianne Rosenbergs Hit *Er gehört zu mir!* laut schallen, der Refrain wird von vielen Stimmen mitgeschmettert. Ulla erreicht die **Schaafenstraße** und stoppt fassungslos. Die Straße ist voller schriller Paradiesvögel. Überall wird getanzt, geknuscht und gesungen. Keine Chance, da durchzukommen.

Leck mich en de Täsch, wat für 'n Malör

Da hat Ulla aber den Kölner CSD, auch **ColognePride** genannt, gewaltig unterschätzt. Neben dem Rosenmontagszug ist er der größte Umzug der Stadt. Mehr als eine Million Menschen kommen in die Stadt, um für die Rechte der LGBT-Community zu kämpfen und anschließend das zu feiern, was bisher erreicht wurde.

Das ganze Wochenende herrscht im Bermudadreieck Ausnahmezustand. Die Kneipen machen in dieser Zeit einen großen Teil ihres Jahresumsatzes. Die Stimmung ist ausgelassen. Grundsätzlich gilt heute, wie auch während des Kölner Karnevals: Nicht alles, was man sagt, ist für die Ewigkeit, erst recht keine Liebesschwüre. In Ruhe über Arbeitsprojekte reden, kann man sich hier und heute abschminken.

18 BITTE NICHT EINSTEIGEN

ODER: HALLUZINATIONEN IM SCHIENENVERKEHR

Genug geshoppt. Ulla und ihre neue Freundin Maike haben Durst. Kölsch-Durst. Nahe der Shoppingmeile in der City liegt der **Heumarkt**, der zweitgrößte und einer der schönsten, aber auch überfülltesten Plätze Kölns. Den steuern die beiden Frauen an. Denn hier reihen sich Restaurants, Brauereien und Eiscafés aneinander. Doch offensichtlich haben nicht nur sie Lust, den lauen Sommerabend draußen auf dem Heumarkt zu verbringen. Die Terrassen sind voll.

NEUE MÄRKTE

Der **Heumarkt** hieß nicht immer Heumarkt. Als er noch eine vom Rhein umspülte Insel war, nannte man ihn Inselmarkt. Fundhölzer belegen, dass hier ein Marktplatz war. Sie gehen ungefähr auf das Jahr 957 zurück. Dann breitete sich eine Sandbank im Rhein bis an die Stadtmauer aus. Der Rheinarm verlandete. Aber der Boden war zu nachgiebig und als Baugrund ungeeignet. Man beließ es bei einem öffentlichen Platz, der damals noch weit über den heutigen Heumarkt hinausreichte.

Im Mittelalter wurde das sumpfige Gelände trockengelegt. Bauern verkauften hier ihre Waren. Neben Flachs, Tuch, Käse, Kohlen und Eisen war das vor allem das Viehfutter Heu. So kam der Heumarkt zu seinem Namen.

Die Geschäfte liefen glänzend. Kaufleute und Handwerker verdienten Geld und errichteten prächtige Gebäude. 1580 entstand hier das erste Börsengebäude. Vermutlich war es aber nur ein abgegrenztes Areal. Das richtige Gebäude errichtete man 1820. Als es zu klein wurde, zog die Börse in das **Overstolzenhaus** um.

Im Laufe der Jahrhunderte veränderte der Heumarkt permanent sein Gesicht. Besonders einschneidend aber ab 1913. Die Hindenburgbrücke wurde gebaut. Dann kam der Zweite Weltkrieg, zerstörte einen Großteil der Altstadthäuser und beschädigte auch die Hindenburgbrücke. Doch sie brach erst 1945 bei der Reparatur von Kriegsschäden zusammen. Zwei Jahre später erbaute man sie neu und nannte sie **Deutzer Brücke**, weil sie rechtsrheinisch in Deutz endet. Ihre linksrheinische Auffahrt liegt auf dem östlichen Teil des alten Heumarkts.

Mitte des 19. Jahrhunderts befand sich am Heumarkt 65 auch die Redaktion der *Neuen Rheinischen Zeitung*. Herausgeber war kein geringer als Karl Marx. Friedrich Engels arbeitete dort als Redakteur.

Alle Brauereitische sind besetzt. »Vielleicht doch ins Eiscafé?«, fragt Ulla, bemüht, sich ihre Enttäuschung nicht anmerken zu lassen.

Von wegen. Maike prescht auch schon vor und bleibt an einem langen Tisch stehen. Auf den ebenso langen Bänken fläzen sich feierfreudige, ältere rheinische Herren. Letzteres hat Maike sofort ausgemacht und grinst die Männer breit an: »Hey, Jungs. *Loss mer zesamme eine nünne, solange mer dat noch künne.*« (Lasst uns zusammen einen trinken, solange wird das noch können.)

Maikes Aufforderung stößt auf Begeisterung. Auch wenn Ulla mittlerweile ein paar Brocken Kölsch kann, das hat sie nicht verstanden. Aber auf der Bank wird zusammengerückt und Platz für Ulla und Maike gemacht. Rappzapp stehen zwei Kölsch-*Stangen* vor ihnen. Die Zeit vergeht wie im Flug. Bis Ullas Nebenmann wissen will: *»Such ma, häste ne Käl?«*

Ulla sieht fragend zu Maike.

»Ob du einen Kerl hast?«

Ach so! Und ja, einen Freund hat sie. Stefan. Und der wartet bereits auf sie, wie es Ulla siedend heiß in den Kopf schießt. Und zwar in **Neuehrenfeld** am **Lenauplatz**. Denn da wollen sie in knapp einer Viertelstunde eine Wohnung besichtigen. Ob Ulla das noch pünktlich schaffen wird?

Maikes Antwort fällt wie immer rheinisch gemütlich aus: »*Wenn et klapp, dann klapp et.*« (Wenn es klappt, dann klappt es.)

Eigentlich liebt Ulla die rheinische Art, doch im Moment kann sie die gar nicht brauchen.

Maike hat die rettende Idee. Am Heumarkt fährt die Linie 5. Ulla läuft los. Die Linie 5 ist Straßen- und U-Bahn gleichzeitig. Am Heumarkt kommt sie als U-Bahn an.

GEDÄCHTNISVERLUST

Der U-Bahnhof **Heumarkt** ist Teil des Projekts **Nord-Süd-Stadtbahn**: eine U-Bahn-Linie, die die Innenstadt mit der Südstadt verbinden soll. Doch Anfang 2009 passierte ein tragisches Unglück. Durch Schludrigkeit bei den Bauarbeiten stürzten das **Historische Archiv der Stadt Köln** und zwei Wohnhäuser ein. Zwei Menschen starben. Kurz vor der Verjährung gab es Verurteilungen wegen fahrlässiger

Tötung. Die Stadt einigte sich mit den Baufirmen auf eine Schadenssumme in dreistelliger Millionenhöhe.

Wann die Nord-Süd-Stadtbahn an den Start gehen wird, ist ungewiss. Die neuen U-Bahn-Haltestellen wurden erst mal in das bestehende Liniennetz integriert.

Ulla rennt die Treppen hinunter und hört auch schon die Lautsprecherdurchsage, die die Linie 5 ankündigt. Uff. Erleichterung. Mit etwas Glück kann sie es vielleicht noch rechtzeitig nach Neuehrenfeld schaffen. Da rauscht auch schon die Bahn an ... Nur wo ist die U-Bahn? Ulla hat sie klar und deutlich einfahren hören, doch weit und breit nicht gesehen.

Was ist das? Ein Spuk? Verdattert verharrt Ulla auf dem Bahnsteig. Irgendwas stimmt hier doch nicht. Sie checkt den Fahrplanaushang. Die nächste 5 kommt in sechs Minuten. Die vorherige Bahn fuhr vor neun Minuten. Aber sie hat die Durchsage doch gehört und den Zug gespürt.

Vermutlich macht Ulla einen äußerst verwirrten Eindruck. Sonst hätte die Frau, die auf den Bahnsteig gekommen ist, sie nicht angesprochen und gefragt, ob alles in Ordnung sei.

Nein, bei Ulla ist gerade gar nichts in Ordnung. Sie hört Dinge, die nicht da sind. Wird sie etwa verrückt?

Leck mich en de Täsch, wat für 'n Malör

Keinesfalls. Ullas Gehirn funktioniert einwandfrei. Die U-Bahn, die sie gehört, aber nicht gesehen hat, ist, wie so oft in Köln, Kunst! **Ghosttrain** heißt die Installation des österreichischen Künstlers Werner Reiterer.

Der Geisterzug wird über Lautsprecher angekündigt und fährt oder fährt eben nicht zwischen 20 und 0 Uhr. Wer ihn abpassen will, braucht allerdings einen langen Atem. Denn die Bahn geistert per Zufallstaktung durch den Heumarkt. Mit Richtmikrofo wurde das Originalgeräusch eines fahrenden U-Bahn-Zuges aufgenommen und über Lautsprecher unterhalb der Bahnsteigkante übertragen.

Der Ghosttrain symbolisiert einerseits den Zeitgeist, permanent mobil und in Bewegung zu sein, andererseits spielt er mit unseren Wahrnehmungen. Was ist real? Was ist Gerücht?

Schwaadschnüss

Ghosttrain gehört zu vier Kunstwerken, die 2007 bei einer Ausschreibung der Kölner Verkehrsbetriebe ausgewählt wurden. Gewünscht waren künstlerische Entwürfe für die Gestaltung der neuen Haltestellen der Nord-Süd-Stadtbahn.

Neben Werner Reiterer bekamen Katharina Grosse, Tue Greenfort und Heimo Zobernig den Zuschlag unter 220 Einreichungen.

Katharina Grosse gestaltete die Haltestelle **Chlodwigplatz**. Eine graffitiähnliche, gesprayte Wandmalerei, rund 500 Quadratmeter groß und bis zu 15 Meter hoch. Kraftvoll und farbintensiv schwappen leuchtend bunte Farben wie ein Tsunami über Wände, Böden und Decken und verzerren die Realität.

Für den **Breslauer Platz** installierte der dänische Künstler Tue Greenfort **Neobiota**. Via Live-Stream kommt das Leben exotischer Sittiche, die sich im **Köln-Stammheimer Schlosspark** angesiedelt haben, unter die Erde. Es zeigt, wie Fremdes in Köln heimisch werden kann, wenn die Menschen es zulassen.

Der österreichische Minimal-Artist Heimo Zobernig entwarf für die U-Bahn-Haltestelle **Rathaus** ein reliefartiges Buchstabenfries aus Aluminiumtafeln, das auf beiden Bahnsteigseiten montiert wurde: einmal als Negativ, einmal als Positiv. Die Buchstaben lauten »Wandgestaltungnordsüdstadtbahnköln«. Kunst funktioniert als Zuschreibung. Sprache und Text spielen hier eine entscheidende Rolle.

19 ZU GAST BEI EINEM FREUND

ABER DER HÄNGT GANZ SCHÖN IN DER LUFT

Zu spät ist zu spät. Und in Ullas Fall war es viel zu spät, als sie am **Lenauplatz** ankam, wo Stefan auf sie gewartet hatte. Die Wohnungsbesichtigung konnten die beiden knicken. Trotzdem versuchten sie es, doch auf ihr Klingen öffnete niemand. Klar, aus Vermieter*innensicht, warum auch? Auf eine Wohnung kommen Hunderte von Bewerbungen. Der Wohnungsmarkt ist in Köln katastrophal.

Der Altbau sieht von außen traumhaft aus. Und das Innere, erinnert sich Ulla, sah nicht minder toll aus. Wieder zu Hause klickt sich Ulla noch einmal durch die Fotos auf der Plattform im Internet. Tatsächlich ist sie enttäuscht, frustriert und auch etwas wütend auf sich. Normalerweise ist sie immer pünktlich. Denn umgekehrt hasst sie es, auf andere zu warten. Deshalb soll auch keiner auf sie warten müssen. Aber gerade als es drauf ankommt ...

Es klingelt an der Tür. Seufzend öffnet Ulla.

»Überraschung!«, schallt es ihr entgegen. Es sind Heike und Willi, Stefans Eltern. »Wir entführen dich jetzt«, grinst Heike, und Willi nimmt die irritiert guckende Ulla auch schon in den Arm. *»Um dich opzuheitere, Mädche.«* (Um dich aufzuheitern.)

Der besorgte Stefan hat seinen Eltern von der geplatzten Wohnungsbesichtigung erzählt und dass es sich Ulla sehr zu Herzen nehmen würde.

»Dodröm besöke mer jetz den dicke Pitter.« (Darum besuchen wir jetzt den dicken Peter.) Willi strahlt Ulla an.

Ein paar Brocken Kölsch versteht Ulla. *Pitter* ist die kölsche Form von Peter oder von »klein«, also geht es um den dicken Peter oder den dicken Kleinen. Ullas nachdenkliche Miene missverstehen Heike und Willi. Sie vermuten, dass Stefan schon mit Ulla beim dicken Pitter war.

Tatsächlich hat Ulla noch nie von diesem Typen gehört. Komisch, warum eigentlich nicht? Stefan hat ihr doch alle Freunde vorgestellt. Oder etwa nicht? Jedenfalls ist sie gespannt. Der Weg führt zum Kölner Dom. Vielleicht arbeitet der Mann ja dort? Vielleicht ein Kölner Domschweizer?

AUFPASSER IM DOM

Die Kölner **Domschweizer**, im roten Talar mit schwarzem Samtbeschlag, achten darauf, dass sich alle Besucher*innen an die Regeln halten und die Würde des Doms gewahrt bleibt.

Die Hauptregel lautet: sich zivilisiert benehmen. Nur was das ist, wissen immer weniger Leute, selbst solche, von denen man es nicht vermuten würde. Zum Beispiel Lehrer*innen. Es soll immer wieder vorkommen, dass sie mit ihrer Schulklasse auf den Kirchenbänken picknicken.

Außerdem ist zivilisierte Kleidung erwünscht. Kappen und Mützen, es sei denn, sie werden von Mitgliedern anderer Religionsgemeinschaften getragen, und zu freizügige Bekleidung gehört nicht dazu. Die einzige Ausnahme gilt zu Karneval: Da darf der Dom im *Fastelovends*-Kostüm besucht werden, solange man die Würde der Kirche achtet.

Die Domschweizer werden trainiert, wie sie Menschen freundlich, aber bestimmt zur Vernunft bringen können. Körperliche Auseinandersetzungen soll es bisher kaum gegeben haben. Doch sicher ist sicher. Seit 2017 arbeitet im Dom ein Sicherheitsdienst. Gepäckstücke, Rollkoffer, Hunde etc. sind übrigens auch verboten.

Vor dem Dom stehen zwei Domschweizer und unterhalten sich. Einer von ihnen ist dünn, der andere auch nicht wirklich dick. Vollschlank, würde Ulla sagen. Aber sie weiß, dass Kölner*innen zur Übertreibung neigen. Und er ist klein. Gut möglich, dass er der dicke Peter ist.

Leck mich en de Täsch, wat für 'n Malör

Da liegt Ulla mehr als daneben. Der **Dicke Pitter** ist kein Mensch, sondern eine Glocke. 24.000 Kilogramm schwer, ein Durchmesser von über drei Metern und drei Meter hoch. Der Dicke Pitter, eigentlich die **Petersglocke**, ist die größte frei schwingende Glocke der Welt. Der Herzschlag von Köln, wie man hier sagt, mit einem tiefen, charakteristischen Schlagton C.

Wer den Pitter sehen will, sollte gut zu Fuß sein. Aufzug? Fehlanzeige! 533 Treppenstufen sind zu nehmen. Dann, nach circa 53 Metern, ist man endlich in der Glockenstube, dem Wohnzimmer vom Dicken Pitter.

Wer will, kann noch höher hinaus. Weitere 386 Stufen und man steht auf einer Aussichtsplattform. Der Blick lohnt die Strapazen.

Schwaadschnüss

So lieb die Kölner*innen ihren **Dicken Pitter** auch haben, er war von Anfang ein störrischer Bursche. Kein Wunder bei dem Leibesumfang und den Erwartungen, die an ihn gestellt wurden.

Seine Vorgängerin entstand bereits 1873 aus erbeuteten französischen Geschützen. 1918 wurde sie zu Kriegszwecken eingeschmolzen. Schon drei Jahre später bemühten sich die Kölner*innen um eine neue Glocke. Diese sollte als Schlagton ein reines C haben, als ersten Oberton ein e, was offensichtlich ein schwieriges Unterfangen war. Doch es gelang.

Im November 1924 wurde der Dicke Pitter als deutsche Friedensglocke eingeweiht und auf den Namen des Dompatrons, des heiligen Petrus, getauft. Heiligabend sollte er zum ersten Mal läuten. Es dauerte lange, bis die Glocke genug Schwung hatte. Die ersten drei Schläge ertönten und das Seil der Läutemaschine riss. Es vergingen Monate, bevor man es repariert hatte. 1925 läuteten aber dann alle Domglocken, inklusive des Dicken Pitter.

Doch wer glaubt, das war es, der irrt. Denn die Klöppel und Aufhängung mussten permanent neu justiert werden, bis das Läuten endlich so war, wie man es haben wollte.

Der Lauf des Lebens macht vor niemandem Halt. Auch nicht vor dem Dicken Pitter. 1952 wurde ein Riss in der Glocke entdeckt. Um ihn zu verschweißen, brauchte es zwei Versuche, für diese aber vier Jahre. Nur waren die Anschläge jetzt ungleichmäßig und setzten immer wieder aus. Erst der Einbau einer elektrischen Lichtschranke 30 Jahre später behob das Problem. Dabei stellen sich die Motoren von selbst ab, sobald das Geläut zu weit ausschlägt.

Aber damit war der Ärger noch nicht zu Ende. Wer kennt das nicht: Man geht zur Routineuntersuchung, und der Arzt diagnostiziert Probleme. Ähnliches galt für den Dicken Pitter. Nur dass sein Routinecheck musikalischer Fingerabdruck hieß. Dabei wurden Material, Schwingverhalten und Klang geprüft. Die Diagnose lautete: Der Anschlag des 600 Kilogramm schweren Klöppels wird der Glocke auf Dauer schaden. Der Klöppel musste neu aufgehängt werden.

2017 war es so weit, man baute ihn aus. Der Dicke Pitter verstummte und sollte vermutlich nie mehr schlagen. Denn die Kosten für die Aufhängung beliefen sich auf 60.000 Euro. Das war der katholischen Kirche zu viel. Doch ohne *»dem Dom sing Jlockespill«* (das Glockenspiel des Doms) fühlt sich die*der Kölner*in einfach nicht zu Hause. Eine Spendenaktion brachte tatsächlich die 60.000 Euro zusammen. An Allerheiligen des Jahres 2018 erklang *»dem Dom sing Jlockespill«* wieder.

20 WAS FÜR JAMMERLAPPEN

ODER: DAS MUSS WAHRE LIEBE SEIN

Samstagvormittag. »Sturmfreie Bude«, foppt Ulla Stefan, als er sich für sein Spiel mit der Bunten-Liga-Truppe 1. FC Luschenpack auf der Jahnwiese rüstet. Danach geht er mit seinen Jungs ins **Müngersdorfer Stadion** zum Derby gegen Borussia Mönchengladbach. Die Luschenpack-Mannschaft hat ein paar Dauerkarten. Die wechseln innerhalb der Truppe, sodass jeder mal die **Geißböcke** live im Stadion sehen kann. Ohne Dauerkarten hätten sie in Köln sonst überhaupt keine Chance – schon gar nicht gegen Mönchengladbach. Die freien Karten waren spätestens 30 Sekunden nach Vorverkaufsstart ausverkauft. Umso glücklicher war Stefan, dass ihn das Los vor Saisonbeginn auswählte, gegen den Erzfeind dabei zu sein.

ZICKENKRIEG

Die **Geißböcke** haben ihren Spitznamen ihrem Maskottchen zu verdanken, dem Geißbock namens Hennes. Seit 1950 steht er bzw. einer seiner Nachkommen bei Heimspielen am Spielfeldrand. Damals gab es den 1. FC Köln gerade einmal seit zwei Jahren, aber er war schon auf dem besten Weg, das Versprechen seines Namens einzuhalten: der erste und damit beste Fußballverein der Stadt zu werden.

Die Mannschaft ging geschlossen mit Trainerstab und Präsidium zu einer Karnevalsveranstaltung. Die fand in einem Zirkuszelt statt. Der Zirkusdirektor war glühender Fan des FC und schenkte dem Verein einen Geißbock aus seinem Tierpark als Maskottchen. Böse Zungen behaupten, das Tier sei für Kunststücke völlig ungeeignet gewesen und deshalb hätte der Zirkus es loswerden wollen. Der Legende nach soll der Geißbock sofort zum damaligen Spielertrainer Hennes Weisweiler gerannt sein und ihm auf die Schuhe gepinkelt haben. So hatte er sich seinen Namen ausgesucht und wurde seitdem Hennes genannt.

Da Geißböcke nur eine durchschnittliche Lebenserwartung von etwa 15 Jahren haben, steht inzwischen der neunte Hennes im Stadion. Einige der Geißböcke wurden legendär, weil der FC in ihrer Amtsdauer große Erfolge errang. Der erste Hennes zum Beispiel brachte die ersten beiden Meisterschaften.

Unter Hennes IV. war der FC so erfolgreich wie noch nie und sollte es bis heute auch nicht mehr werden. 1977 der Pokalsieg, 1978 das Double. Deshalb durfte Hennes IV. sogar bei der Triumphfahrt durch die Stadt mitmachen. Leider erlag er 1982 einem Herzleiden. Mit den Erfolgen war es von da an vorbei. Vielleicht sollte man Genforscher beauftragen, Hennes IV. zu klonen.

Der FC ist übrigens der einzige Verein, der fast seit seinen Anfängen ein lebendiges Maskottchen hat. Alle anderen Vereine zauberten erst ein Maskottchen aus dem Hut, als deren Marketingabteilungen erkannten, dass man mit Fanartikeln viel Geld verdienen kann. Die allermeisten Vereine entschieden sich für drollige Püppchen als Maskottchen, nur Eintracht Frankfurt ist neben dem FC die Ausnahme. Sie haben einen Adler namens Attila.

Ulla lässt den Tag locker angehen. Ausruhen, nichts tun, mit den Freundinnen aus der Heimat skypen, mit den Eltern telefonieren.

»Wo ist denn dein Stefan?«, fragt Ullas Vater.

»Im Stadion.«

Sie hört sein Lachen am anderen Ende der Leitung. »Da musste deinen Schatz wohl nachher ordentlich betüddeln. Der FC kriegt 'ne ordentliche Packung von den Borussen.«

Ullas Vater hat recht. Als Stefan nach Hause kommt, hat er seine Kumpels Ekki, Magnus und die Omma im Schlepptau. Die vier sind geladen, schimpfen über den einen oder anderen Spieler, nennen den Trainer einen Versager, streiten sich, ob der Vorstand die Sache noch im Griff hat und so weiter und so weiter. An einen entspannten Abend ist nicht mehr zu denken. Als Stefan mit seinen Kumpels *Alle Spiele, alle Tore* in der Sportschau guckt, fängt gleich wieder das große Gejammer an und hört nicht mehr auf.

Fußball schön und gut. Aber irgendwann muss auch mal Schluss sein. »Wenn ihr so unzufrieden mit dem FC seid, dann wechselt doch einfach den Verein. So wie die Spieler. Wenn die ein besseres Angebot bekommen, gehen sie doch auch.« Ulla hat gar nicht mitbekommen, wie still es geworden ist und redet sich fröhlich um Kopf und Kragen. »Borussia Mönchengladbach zum Beispiel. Die spielen gut. Oder Bayer Leverkusen. Beide Städte sind nicht weit von hier. Da könnt ihr auch zu den Heimspielen ins Stadion fahren.«

Stefan und seine Kumpels sehen Ulla fassungslos an.

Leck mich en de Täsch, wat für 'n Malör

Einem FC-Fan sagen, er soll Anhänger eines der beiden Erzfeinde des 1. FC Köln, Borussia Mönchengladbach oder Bayer Leverkusen, werden, ist schon ziemlich tollkühn. Ulla kennt offensichtlich noch nicht wirklich die Befindlichkeiten der Stadt. Mit beiden Vereinen gibt es lebhafte Rivalitäten. Mit Mönchengladbach seit den 1970er Jahren, als die Deutsche Meisterschaft zwischen dem FC, der Borussia und Bayern München entschieden wurde. Die Niederlage des

FC im Pokalfinale 1972, bei dem sich Günter Netzer gegen den Willen des Trainers selbst eingewechselt hatte, um dann kurz darauf das entscheidende Tor zu erzielen, ist für alle Kölner*innen ein unverarbeitetes Trauma. Spielt die Borussia, die auch die **Fohlen** genannt werden, im **Müngersdorfer Stadion**, gibt es für die Besucher der VIP-Tribüne traditionell Sauerbraten vom Pferd.

Den Namen Bayer Leverkusen nimmt in Kölner Fan-Kreisen niemand in den Mund. Man nennt sie nur die »Werbemaßnahme«, was die Mannschaft eigentlich auch ist. Seit 1979 versucht der Konzern mit viel Geld, den FC in der Gunst der Fußballfans zu überholen – ohne Erfolg. Bayer Leverkusen kann um die Meisterschaft spielen, sich in europäischen Wettbewerben mit den Spitzenclubs des Kontinents messen oder einfach nur spektakulären Fußball spielen – in Köln interessiert es niemanden. Die **BayArena** bleibt vergleichsweise leer. In Köln ist sogar fast jedes Zweitligaspiel ausverkauft, dabei hat das **Müngersdorfer Stadion** nahezu doppelt so viele Plätze.

Und das Wichtigste zum Schluss: Selbstverständlich wechselt man als echter Fan nicht die Zuneigung zu einem Verein wie sein Leibchen beim Trikottausch. Natürlich würde es auch dem FC-Fan gefallen, wenn seine Mannschaft nicht immer wieder in die Zweite Liga absteigen würde. Natürlich hat den Fans die Europapokalsaison 2017 gefallen, als der FC, wenn auch wenig erfolgreich, in der Europa-League mitkicken durfte. Und natürlich würde kein FC-Fan eine weitere Deutsche Meisterschaft ablehnen. Aber die Liebe zum Verein ist unabhängig vom Erfolg. Ganz egal, wie es aktuell um die Mannschaft steht, man kann sich damit trösten, irgendwann einmal der erste Meister der Bundesliga gewesen zu sein, die modernste Vereinsstruktur gehabt zu haben und als das Real Madrid des Westens in Europa berühmt und berüchtigt gewesen zu sein.

Schwaadschnüss

Der **1. FC Köln** heißt eigentlich mit vollständigem Namen 1. Fußball-Club Köln 01/07 e. V., ist im Jahr 2020 mit 111.599 Mitgliedern der größte Sportverein in Köln und der sechstgrößte in Deutschland. Wobei ein Großteil der Mitglieder nicht aktiv Sport beim FC treibt, sondern Anhänger vor allem der Profimannschaft ist und als Mitglied die Geschicke des Vereins mitlenken möchte.

Gegründet wurde der 1. FC Köln am 13. Februar 1948, als die beiden Vereine Kölner BC 01 und SpVgg Sülz 07 fusionierten. Hintergrund war, dass über viele Jahre kein Kölner Verein deutschlandweit konkurrenzfähig war. Mit der Zusammenlegung wollte man die Kräfte bündeln, um endlich erfolgreich zu sein. Und das gelang. Dreimal wurde der Verein Deutscher Meister, viermal DFB-Pokalsieger, er erreichte 1986 das Finale des UEFA-Pokals und stand achtmal in einem Europapokal-Halbfinale.

Kopf dieser Fusion und langjähriger Präsident des Vereins war Franz Kremer. Er hatte Ideen für den Fußball, die damals revolutionär waren. Er vermittelte den Spielern des FC Arbeitsplätze bei befreundeten Unternehmen. Man nennt das in Köln auch Klüngeln. Aber so lohnte es sich, beim FC zu spielen. Denn damals gab es noch keine horrenden Spielergehälter.

Etwas später entstand auf Drängen von Franz Kremer die Bundesliga, ein deutschlandweiter Ligabetrieb. Vorher spielten die Mannschaften in regionalen Ligen ihre Meister aus, die dann im K.-o.-System den Deutschen Meister ausspielten. Mit der Bundesliga wollte man die Qualität des deutschen Fußballs anheben, weil dann die Leistungsdichte größer wäre. Auch hier hatte Franz Kremer recht.

2002 gliederte der 1. FC Köln nach einem Beschluss der Mitgliederversammlung seinen Profibereich (Erste Mannschaft, U21 und die beiden Jugendmannschaften U19 und U17) in die 1. FC Köln GmbH & Co. KGaA aus. Der eingetragene Verein 1. FC Köln ist Alleingesellschafter.

Auch wenn sich die Vereinsstruktur den neuen Zeiten angepasst hat, läuft es sportlich seit vielen Jahren nicht mehr rund. Früher immer einer der Favoriten auf die vorderen Plätze der Bundesliga ist der FC heute eine sogenannte Fahrstuhlmannschaft. Sechs Abstiege, sechs Aufstiege. Es geht es hoch und runter. Überraschenderweise hat das Verein und Kölner*innen noch näher zusammengebracht. In den erfolgreichen 1970er und 80er Jahren war das Stadion nur gegen Bayern München und Borussia Mönchengladbach ausverkauft. Der Zuschauerdurchschnitt lang über die Jahre hinweg bei etwa 25.000. Erst die leidvollen Erfahrungen von Abstiegen und die euphorische Freude, nach einem Aufstieg wieder bei den Besten mitspielen zu dürfen, hat die Kölner*innen mit ihrem Verein versöhnt. Heute liegt der Zuschauer*innendurchschnitt bei knapp 50.000. Ohne Dauerkarte ist es ein Glücksspiel, mal live im Stadion dabei sein zu können.

Seitdem es der Mannschaft schlecht ging, feuern die Kölner*innen sie derart an, dass selbst die Stadien der Gegner zum gefürchteten Hexenkessel wurden. Zu den Auswärtsspielen begleiten die Fans die Mannschaft und machen daraus stimmungsmäßig Heimspiele.

Bekannt ist der 1. FC Köln auch für seine aktive Mitgliederschaft. Viele Anhänger*innen engagieren sich in den Vereinsgremien. Der Mitgliederrat hat bei vielen Entscheidungen laut Satzung ein Mitspracherecht, und sie kontrollieren die Führung, wie es sich gehört, wenn einem eine Sache am Herzen liegt.

21 BELLA ITALIA

ODER: AB IN DEN SÜDEN

Die letzten Tage waren nicht einfach für Ulla. Sie hatte viel Stress. Eine Fotostrecke in Bonn musste organisiert werden. Der Kunde war schwierig, nie zufrieden. Ulla war oft bis spät nachts unterwegs, um Alternativen zu checken, Sets unter Dach und Fach zu bringen oder um dem Auftraggeber zu versichern, dass sie alles im Griff habe. Wie gerne wäre sie abends noch von Stefan in den Arm genommen worden oder hätte morgens mit ihm gefrühstückt. Beides ging nicht. Kam Ulla nach Hause, schlief Stefan schon, stand sie morgens auf, war er bereits aus dem Haus. Gesehen haben sie sich nur kurz, aber oft telefoniert.

Zum Glück ist heute endlich das Fotoshooting in Bonn. Noch ein Tag Stress, dann kann Ulla das Wochenende einläuten und die Beine hochlegen. Bis in die Nacht hat sie alles vorbereitet, aber sie muss heute Morgen auch nicht die Erste am Set sein. Noch leicht verschlafen kommt Ulla in die Küche. Stefan ist bereits unterwegs, aber er hat italienische Cornettos aufgebacken. Wo hat er die denn auf einmal her? Ein Ciabatta liegt auch im Brotkorb, dazu Salami aus Kalabrien, Käse aus dem Piemont und Orangen aus Sizilien. Die Caffettiera, die kleine italienische Espressokanne, steht startklar auf dem Herd. Ulla wird es warm ums Herz. Stefan vermisst sie genauso wie sie ihn. Noch wärmer wird ihr, als sie zwischen den Cornettos im Brotkorb einen Brief von Stefan findet. Er möchte das Wochenende mit Ulla an der Riviera verbringen. Die Riviera? Super! Da war Ulla schon lange nicht mehr.

Schnell gefrühstückt, Stefan per Whatsapp verliebt signalisiert, dass sie sich auf das Wochenende freut: »*Ciao bell'uomo.*« (Hallo, hübscher Mann.) Dann geht es voller Elan nach Bonn, damit das Fotoshooting reibungslos über die Bühne geht und Ulla pünktlich heute Abend nach Hause kommt. Wer weiß, für welchen Flieger in den Süden er Tickets gebucht hat.

Ullas Plan geht so weit auf. Früher als gedacht ist sie zurück in der Wohnung. Jetzt heißt es, Koffer packen. Für Stefan kein Problem, wie Ulla weiß. Ihm wird vermutlich der Weekender reichen, seine kleine Reisetasche. Für jeden Tag Unterwäsche, T-Shirt, eine Ersatzhose, Toilettenartikel, und fertig ist die Laube. Ulla wird nie verstehen, wie Männer heute wissen, was sie morgen anziehen – geschweige denn übermorgen. Sie kann das nicht. Deshalb braucht sie für zwei Tage Riviera mindestens einen Koffer, keinen großen, ihr Rollkoffer reicht.

Aber jetzt fängt die »Arbeit« erst richtig an. Auch wenn Ulla nur eine Auswahl mitnimmt, muss die Auswahl gut ausgewählt sein. Sie holt Oberteile und Kleider aus dem Schrank, hält sie sich vor den Körper und betrachtet sich im Spiegel, legt sie wieder weg, testet andere Varianten durch, entscheidet sich neu und wieder anders. Verreisen ist schon anstrengend. Allein die Packerei vorher. Das vergisst man leicht.

Und wo bleibt Stefan? Ulla ruft auf ihrem Laptop die Abflugseite des Köln-Bonner Flughafens auf. Heute Abend gibt es einen Flug nach Genua. Dafür müsste sich Stefan jetzt sputen. Und sie sich auch. Ulla geht den Ablauf im Kopf durch. Am besten machen sie Car-Sharing. Schnell bucht sie einen Wagen in der Nähe und packt ihren Koffer in Windeseile. Unter Zeitdruck kann sie sich schnell entscheiden – muss sie ja. Für Stefan stopft sie zwei T-Shirts, Unterwäsche, Strümpfe und die Jeans in seinen Weekender. Geschafft.

Dann endlich kommt Stefan nach Hause. Ziemlich abgekämpft. Ulla springt ihm um den Hals. Sie freut sich so auf ihr Wochenende an der Riviera. Aber dafür müssen sie sofort los. Das Auto steht bereits unten bereit. Auf nach Genua und an die Riviera!

Stefan sieht Ulla irritiert an.

Leck mich en de Täsch, wat für 'n Malör

Ulla hat Stefan leider falsch verstanden. Aber der hätte eigentlich wissen können, dass Ulla unter Riviera die italienische Riviera versteht. Er selbst dagegen meinte aber die **Kölsche Riviera** im südlichen Stadtteil **Rodenkirchen**. Kölner*innen sind überzeugt, dass es da so schön wie in Italien ist. Die feinsandigen Strände in den Buchten am Rhein, die Schatten spendenden Weiden, von denen aus man den Strom und die Schiffe bewundern, bei gechillter Musik grillen und ab und an die Füße im Rhein kühlen kann. Aber Vorsicht: nicht zu weit ins Wasser gehen. Strömung und Strudel sind höllisch.

Schwaadschnüss

Tatsächlich wird Köln wegen ihrer römischen Geschichte, aber auch wegen der leichten Lebensart ihrer Einwohner*innen »die nördlichste Stadt Italiens« genannt. Das hören die Kölner*innen gerne, so sehen sie sich schließlich auch selbst. Böse Zungen von außerhalb – z. B. aus Düsseldorf – behaupten, das einzige Italienische in Köln seien die Schuldenberge der Stadtverwaltung.

Köln liegt in der **Niederrheinischen Bucht**, die im Norden in das **Rheinische Schiefergebirge** übergeht. Im Osten grenzt sie an die Erhöhungen des **Bergischen Lands**. Im Süden liegt es im **Unteren Mittelrheingebiet** und im Südwesten grenzt es an die **Eifel**. Der Landstrich wird auch **Kölner Bucht** genannt. Entstanden ist er durch Bewegungen der Erdplatten. Beim Zerbrechen und Einsinken des Untergrunds bildete sich die Schneise zwischen den Erhebungen. Die Erdverschiebungen finden noch immer statt. Die Folge sind messbare, aber für die Bewohner*innen des Grabens Gott sei

Dank selten bemerkbare Erdbeben. Es ist also alles im Fluss. Zurzeit hat die **Niederrheinische Bucht** eine Fläche von fast 3.600 Quadratkilometern.

Bedingt durch die Tallage zählt die Kölner Bucht klimatisch zu den sogenannten Gunsträumen, also den Wohlfühlzonen, mittlerer Breiten Europas. Die Nähe zur Nordsee und zum Atlantik sorgt für den Einfluss des Golfstroms auf das Klima. Die Folge sind milde Winter und warme Sommer.

Die Kölner*innen tragen also nicht nur Sonnenschein im Herzen, die Sonne strahlt ihnen auch auf den Kopf. Am liebsten in einem der vielen Cafés auf den Plätzen der Stadt. Da kann man sich sofort vorstellen, man säße auf einer Piazza am Mittelmeer. Oder an den Stränden von Rodenkirchen. Das klingt aber zu profan. Also nannte man es Kölsche Riviera. Zumal hinter der Uferpromenade viele italienische Restaurants liegen, in denen man es sich auf mediterrane Weise sehr gut gehen lassen kann.

22 LEBEN IN DER MILLIONEN-STADT

ABER ZU HAUSE IM DORF

Nach dem entspannten Riviera-Kurztrip – ohne Flug und Stress ging es relaxt nach Rodenkirchen und wieder zurück – platzt Ulla vor Tatendrang. »Super! Natürlich schaff ich das bis Ende der Woche«, betont Ulla ins Handy und beendet den Anruf. Dann fällt sie Stefan um den Hals. »Ich hab den Auftrag!«

»Was hab ich dir gesagt«, grinst Stefan und küsst seine Liebste.

Mangels Sekt im Haus stoßen sie mit O-Saft auf Ullas neuen Job an. Ein Kölner Architekturbüro ist auf ihren Blog im Internet gestoßen. Ullas Wohnungssuche in Köln, die sie mit einer Modestrecke kombiniert hatte, fanden die Architekten so schwungvoll, witzig und gelungen, dass sie mit ihr arbeiten wollen. Gewiss habe auch ihre stetig wachsende Follower-Zahl eine Rolle gespielt, gibt sich Ulla bescheiden.

Stefan lässt das nicht gelten. »Die Follower folgen dir, weil du supergute Sachen machst.«

Da errötet Ulla doch glatt vor Stolz. Aber jetzt muss sie auch liefern. Es geht um die Kölner Architektenikone Wilhelm Riphahn und die **Weiße Stadt**, die er in Köln gebaut hat.

KÖLNER SACHLICHKEIT

Wilhelm Riphahn lebte von 1889 bis 1963. Ohne ihn sähe Köln gewiss anders aus, wäre architektonisch wohl bereits das, wohin es zunehmend tendiert: eine große Bausünde. Riphahns Baustil steht für die Neue Sachlichkeit: schlicht, flach und kubisch, mit den Materialien Glas, Stahl, Beton und Backstein. Die Monumentalität der Bauwerke, besonders nach der Nazizeit, wollte er abschaffen. Als sozial denkender und bereits in den 1920er Jahren »grüner« Baumeister plädierte er für preiswertes und gesundes Wohnen aller Bevölkerungsschichten. Sein Credo hieß: *»Lich, Luff und Bäumcher«* (Licht, Luft und Bäume): Helle, luftige Wohnungen mit Zugang zur Natur, zum Beispiel zu einem öffentlichen, großzügigen »Wohnhof« mit Wiesen und Spielplätzen.

1916 fing Riphahn beim Essener Architekten Caspar Maria Grod (1878 bis 1931) an zu arbeiten. 1925 gründeten sie ein gemeinsames Büro. Riphahns Projekte in Köln sind unter anderem: aus den 1920er Jahren die Siedlung **Grüner Hof** in Mauenheim, die Wohnsiedlung Bickendorf II, auch **Rosensiedlung** genannt, und die **Bastei** am Rhein; in den 1950er Jahren entstanden das **British Council – die Brücke**, heute Sitz des **Kölnischen Kunstvereins**, das **Institut Français**, die **Oper** und das **Kölner Schauspielhaus**.

Ulla ist unterwegs in die **Weiße Stadt**, in den Kölner Stadtteil **Buchforst**. Dort liegt die von 1929 bis 1932 erbaute Siedlung. Fast 600 Wohnungen gehören zu ihr. Fasziniert streift Ulla an den weißen ein- und zweigeschossigen Reihenhauszeilen vorbei, passiert die Straßen mit den fünfstöckigen Mietshäusern, alle mit Balkon oder Dachterrasse, überall kleine Vorgärten.

Ulla zückt den Fotoapparat und knipst. Ein älterer Herr tritt auf sie zu und freut sich über ihre Faszination für die Weiße Stadt. Er wohnt seit fast 40 Jahren hier und fängt bereits ungefragt an, über sein *Veedel* zu plaudern. Ulla lauscht ihm interessiert.

So erfährt sie, dass die Ausrichtung der Gebäudereihen entsprechend der Himmelsrichtungen ist. Und dass es viel freien Platz gibt, aber auch soziale Einrichtungen und Räume, die von allen Bewohnern genutzt werden dürfen. Er führt Ulla weiter zur katholischen Pfarrkirche **St. Petrus Canisius**, ebenfalls von Riphahn und Grod gebaut, das Zentrum der Weißen Stadt.

SCHÖNER WOHNEN IN BLAU UND WEISS

Vor der **Weißen Stadt** baute Riphahn in Buchforst 1929 die Siedlung **Blauer Hof**, ein klar strukturierter und fast quadratisch angelegter Wohnblock. Die mittleren Häuser haben vier Etagen, die Häuser an den Straßenecken und zum Hofeingang fünf. Die Farbgestaltung entwarf der Kölner Künstler Heinrich Hoerle.

Buchforst war früher ein Waldgebiet, bis eine genossenschaftliche Baugesellschaft ein 18 Hektar großes Areal im sogenannten Kalker Feld kaufte und Riphahns und Gords Büro mit der Bebauung beauftragte. Man benannte das Viertel in **Buchforst** um.

Ulla beendet ihren Vlog, also ihren als Video aufgezeichneten Blogbeitrag. Allen Köln-Besucher*innen und Einheimischen legt sie ganz, ganz nahe, sich auf die *Schäl Sick*, also die rechtsrheinische Seite, zu begeben und die Weiße Stadt im Kölner Stadtteil Buchheim zu besuchen. Ein paar Klicks, und ihr Vlog geht online.

Geschafft! Und eine Auszeit verdient. In ihrem Lieblingscafé gönnt sie sich einen Kaffee und ein Stück Kuchen. Neugierig ruft sie ihren Vlog auf und kann es kaum fassen. Wow! Es gibt bereits über 30 Kommentare. Ulla strahlt vor Glück.

Leck mich en de Täsch, wat für 'n Malör

Dabei handelt es sich um einen klassischen Fall von »zu früh gefreut«. Die Kommentarflut ist nämlich ein Shitstorm. Der Grund: Ulla hat zwei Kölner Stadtteile verwechselt. Nicht in Buch*heim*, sondern in Buch*forst* liegt die **Weiße Stadt**.

Was für Nicht-Kölner*innen vielleicht ein kleiner, zu vernachlässigender Flüchtigkeitsfehler wäre, ist für Kölner*innen ein echtes *Malör*. Denn sie sind mit ihrem *Veedel* (Stadtviertel) stark verwurzelt. Viele Menschen leben seit Generationen in ihrem *Veedel* und können sich nur schwer vorstellen, in ein anderes zu ziehen.

Tatsächlich hat ein *Veedel* nichts oder nur sehr wenig mit den offiziellen Kölner Stadtbezirken zu tun. Man wohnt hier nicht zum Beispiel im Stadtteil **Neustadt/Nord**, sondern im **Agnesviertel**, nicht im Stadtteil **Altstadt/Süd**, sondern im **Vringsviertel**.

Die Liebe zum eigenen *Veedel* hat ihren Grund in der Vergangenheit. Die meisten *Veedel* waren früher eigenständige Dörfer und wurden erst später eingemeindet. Andere entwickelten über die Jahrhunderte ihre stabilen Strukturen.

Schwaadschnüss

Den Kölner*innen schlagen zwei Herzen in der Brust. Einerseits leben sie in einer Metropole oder, wie sie denken, am Nabel der Welt. Andererseits brauchen sie es vertraut, überschaubar und *jemötlich* (gemütlich), wie in ihrem *Veedel*. Ihr *Veedel* wird für sie zur Welt im Kleinen.

Hier gibt es alles, was der Mensch braucht: *de Weetschaff op d'r Eck* (die Eckkneipe), das *Büdchen* (Kiosk), einen Wochenmarkt, einen Supermarkt, Bäcker, Metzger, Restaurants und Cafés.

Eine Ode auf das *Veedel* wird in einem der schönsten kölschen Lieder von den Bläck Fööss besungen. Wie könnte es schöner heißen als *En unserem Veedel:* »*Wat och passeet, dat ene es doch klor, et Schönste, wat m'r han schon all die lange Johr, es unser Veedel, denn he hält m'r zosamme, ejal, wat och passeet en uns'rem Veedel.«* (Was auch passiert, das eine ist doch klar, das Schönste, was wir schon all die langen Jahre haben, ist unser Viertel, denn es hält uns zusammen, egal was in unserem Viertel auch passiert.)

Auch **Buchheim** ist ein *Veedel* und liegt in direkter Nachbarschaft zu **Buchforst**. Ihre Namen beruhen auf den Buchenwäldern, die hier früher standen. Buchheim wurde erstmals im Jahr 1003 erwähnt, damals noch als Bochheim. 1914 wurde es eingemeindet.

23 GRÜN IST DIE HOFFNUNG

ABER IN KÖLN SIND ES AUCH DIE BRÜCKEN

Es klingelt. Ulla steht noch unter dem Schock des Shitstorms, der auf sie eingeprasselt ist. Sie hat sich für ihren Buchheim-/Buchforst-Irrtum entschuldigt und verständnisvolle Posts von Immis erhalten. Der Fettnapf scheint für Neuankömmlinge immer in greifbarer Nähe zu stehen.

Doch trotz aufbauender Reaktionen fühlt sie sich unter Druck, bloß keine Fehler mehr zu machen. Das erschwert ihr die Arbeit. Das lustvolle Sich-im-Schreiben-Verlieren hat Ulla verloren. Eigentlich gut, dass sie gerade nur recherchieren muss. Für die neue Kollektion eines Designers braucht sie passende Locations, um die Kleidung optimal in Szene setzen zu können. In einer Stunde werden ihre Ergebnisse erwartet.

Doch von Ergebnissen ist Ulla weit entfernt. Ihre Gedanken schweifen immer wieder zu den unschönen Seiten ihres Onlinedaseins ab. Die üblen Kommentare lassen sich nicht verdrängen.

Energisch reißt sie sich zusammen. Fehlt noch, dass die *hater* ihr den Job vermasseln.

Es klingelt an der Haustür. Auch das noch. Weitere Störungen kann sie nun wirklich nicht brauchen. Ulla beschließt, die Klingel zu ignorieren. Erneutes Klingeln.

»Ich bin nicht da, ich bin nicht da, ich bin nicht da«, murmelt sie mantramäßig und klickt sich durch Fotogalerien im Internet.

Ihr Mantra scheint zu wirken. Der ungebetene Gast hat kapiert, dass Ulla nicht da ist. Irrtum. Klingelsturm!

Ulla reicht es! Dem Nervtöter oder der Nervtöterin wird sie gehörig die Meinung sagen. Schon läuft sie zur Tür, reißt sie auf und steht Marie, Stefans Schwester, gegenüber. Die drückt Ulla mit einem fröhlichen »Hi, will dich nicht stören« eine ihrer vielen Einkaufstaschen in die Hand. »War shoppen. Super Schnäppchen. T-Shirts von zwanzig auf acht Euro runter und Schuhe, solche mit furzdicken Sohlen ...«

»Häs de widder Bubbelwasser jedrunke?« (Du redest zu viel), hätte Stefan den Redeschwall seiner Schwester längst unterbrochen, aber Ulla traut sich das nicht. Sie mag die offene, lebensprühende junge Frau ja wirklich gerne. Marie ist eine typische Kölnerin und hat immer was zu *»verzälle«* (erzählen). Ganz anders als die wortkargen Leute in Ullas alter Heimat, im hohen Norden. Nur gerade jetzt kommt Marie total ungelegen.

Während Ulla noch an der Tür verharrt, ruft es bereits aus dem Wohnzimmer: *»Wat machst de dann do, Ulla?«* (Was machst du denn da, Ulla?) Marie hat Ullas Arbeitsbereich geentert und bewundert die Outfits des Designers.

Ulla greift zu Maries Strohhalm: »Arbeiten. Ich brauch Motive für die Modestrecke, irgendwas Cooles, bin gerade echt ein bisschen unter Druck.« Hoffentlich versteht Marie den Wink mit dem Zaunpfahl.

Die legt ihre Stirn in Falten und erkennt begeistert: »**Marzellenstraße**. Die Bahnunterführung. *Loor do ens.*« (Schau da mal.)

Ulla wirkt nicht überzeugt. Sie soll keine Streetwear präsentieren, sondern elegante Sachen.

KÖLNER LICHTER

Die Bahnunterführung in der **Marzellenstraße** ist Teil der Kölner **Lichtpassagen**. Dazu gehören weitere Unterführungen, unter anderem in der **Maybachstraße** und der **Trankgasse**. Türkisgrünes LED-Licht illuminiert die normalerweise dunkel-düsteren Unterführungen. Das erhöht das Sicherheitsgefühl der Bürger*innen und sieht zudem cool aus. Pro Jahr sollen zwei weitere Illuminationen dazukommen.

»*Isch muss loss. Tschö Ulla*«, ruft Marie, schnappt ihre Einkaufstaschen, hält inne und drückt Ulla eine ihrer Tüten in die Hand. »*Hab isch fast verjesse. För dich. Wat Kölsches.*« (Hab ich fast vergessen. Für dich. Was Kölsches.) Schon ist Wirbelwind Marie auf und davon.

Ulla wirft einen Blick in die Tüte und zieht einen Schal in einem hellen Grünton hervor. »Oma-Grün«, murmelt sie irritiert. Es ist überhaupt nicht ihre Farbe.

Als sie abends Stefan Maries Schal zeigt, scheint der begeistert zu sein: »Super! **Kölner Brückengrün!**«

Veräppeln kann sich Ulla aber allein. Sie weiß doch, dass »*ruut-wieß*« die Farben von Köln sind!

Leck mich en de Täsch, wat für 'n Malör

»*Ruut-wieß*« sind die Kölner Stadtfarben. Doch das **Kölner Brückengrün** existiert wirklich. Es ist sogar ein offizieller Farbton. Zum ersten Mal wurde er 1929 beim Anstrich der **Mülheimer Brücke** verwendet. Oberbürgermeister Konrad Adenauer hatte sich dafür ein Patina-Grün gewünscht. Die Bayer AG entwickelte daraufhin ein Chromoxidgrün. Die Farbe besteht aus künstlichen, anorganischen Pigmenten, die besonders lichtbeständig und wetterfest sind. Als weitere fünf Kölner Brücken in Chromoxidgrün gestrichen wurden, taufte der Hersteller die Farbe aus Werbezwecken Kölner Brückengrün.

Dabei wünschte sich Gerd Lohmer, der Architekt der **Deutzer**, der **Severins**- und der **Zoobrücke** für letztere ein Blau im Kontrast zum begrünten Ufer. Doch sein Wunsch wurde nicht erhört. Es blieb beim politisch gewünschten Kölner Brückengrün. Eine Farbe, die auch der Mülheimer Brücke gut steht. Ebenso bekamen die beiden Eisenbahnbrücken, **Hohenzollern**- und **Südbrücke** den Korrosionsschutzanstrich im Kölner Brückengrün.

Nur die Erweiterung der Deutzer Brücke, die 1980 fertig wurde, ist betongrau. Auf Beton ist ein Schutzanstrich überflüssig. Dass die **Rodenkirchener Brücke** nicht exakt im Kölner Brückengrün strahlt, liegt an ihrem Betreiber. Das ist nicht die Stadt Köln, sondern der Landesbetrieb Straßenbau NRW.

Schwaadschnüss

Kölner*innen sind temperamentvoll, eigen und stolz. Besonders auch auf ihre acht Rheinbrücken! Acht? Ja, die Kölner*innen beharren darauf, dass auch die **Leverkusener Brücke** ihnen zuzurechnen ist. Immerhin liegt sie auf der linken Rheinseite auf ihrem Kölner Stadtgebiet.

Auch bei der **Mülheimer Brücke** gab es Streit. Aber innerstädtisch. Der damalige Oberbürgermeister Konrad Adenauer bestand auf einer Hängebrücke und setzte sich gegen die Widerstände der Sozialdemokraten und Liberalen im Stadtrat durch. Dank der Stimmen der Kommunisten bekam er die Mehrheit. Zuvor hatte er ein bisschen geklüngelt und den Baufirmen, die den Kommunisten nahestanden, den Auftrag für den Brückenbau (1927–1929) zugesichert.

Die dritte Brücke von Norden aus gesehen, die *Zoobrücke*, ist eine Stahlhohlkastenbrücke und auch wegen ihrer Kunst im Inneren bekannt. Im Jahr 2000 installierte der New Yorker Künstler, Serge Spitzer, 100.000 Kölsch-*Stangen*. Kunstsinnige Menschen konnten die Installation von einem ca. 600 Meter langen Steg aus besichtigen. Es galt Schutzhelmpflicht.

Die **Zoobrücke** hat sechs Spuren für Autos und existiert seit 1963. Fast parallel über ihr pendelt die **Rheinseilbahn**, die **Zoo** und **Rheinpark** miteinander verbindet.

Kunst kennt auch die **Deutzer Brücke**. Sie war hier quasi zu Hause. Elke Koska, Ex-Ehefrau und Muse des Künstlers HA Schult, bewohnte einen Brückenpfeiler, fensterlos und mit dem permanenten Geräusch der Straßenbahnen, die über sie hinwegfuhren. Wie kam das? Zwischen 1976 und 1980 war für die Straßenbahnverbindung zwischen der linken und der rechten Rheinseite ein sogenannter Brückenzwilling südlich an die Deutzer Brücke herangeschoben worden. Aus Kostengründen war der Zwilling ein Hohlkasten aus Spannbeton. Hier war viel Platz. Anfangs für Events, später eben für die Wohnung von Elke Koska. Doch nach über einem Jahrzehnt musste sie wegen anstehender Brückenarbeiten ausziehen.

Die **Hohenzollernbrücke** wiederrum schillert in den bunten Farben der Liebesschlösser, die Millionen Besucher*innen hier angebracht haben. Der Rhein bewahrt die Schlüssel der Liebe auf seinem Grund. Auf ihrer rechtsrheinischen Seite dient ein Teil des Brückenpfeilers als Kletterwand des Deutschen Alpenvereins.

Schon die Römer hatten an der Stelle, an der die Hohenzollernbrücke steht, die perfekte Verbindungsachse beider Rheinseiten ausgemacht. Ob man per Bahn oder zu Fuß kommt, die Stadtansicht mit Blick auf den Kölner Dom zählt zu den imposantesten Stadtpanoramen der Welt, sagt der Kölner, der da nicht wirklich objektiv ist.

Die **Hohenzollernbrücke** wurde übrigens als einzige Kölner Brücke im Zweiten Weltkrieg nicht von den Alliierten zerstört. Dafür sorgte erst die deutsche Wehrmacht, als sie die Brücke im März 1945 sprengte, um die gegnerischen Truppen bei ihrem Vormarsch aufzuhalten. Von 1946 bis 1948 wurde der erste Brücken- und von 1956 bis 1959 der zweite Brückenteil wiederaufgebaut. Zwei Jahrzehnte später kam der dritte Teil dazu.

Kunst auf statt in der Brücke gab es auf der **Severinsbrücke**. Von 1997 bis 2000 stand auf ihrem 77 Meter hohen Mittelpfeiler HA Schults Neon-Weltkugel, bevor sie auf ein Versicherungsgebäude umzog. Die filigrane, elegante Bauweise der Brücke hat eine profanen Grund: Der Blick auf das Stadtpanorama sollte nicht zerstört und die Rheinschifffahrt nicht behindert werden. Der Bau der Severinsbrücke ist auf den zunehmenden Verkehr in den 50er Jahren zurückzuführen. Auf den bereits wiederaufgebauten Brücken bildeten sich viele Staus, und die Stadt musste reagieren. 1959 wurde sie von Kanzler Adenauer eröffnet und war die erste neu gebaute Brücke in Köln nach dem Zweiten Weltkrieg.

Auch die **Südbrücke** sollte den steigenden Verkehr entlasten, allerdings ausschließlich den Eisenbahnverkehr. Auch heute noch wird die Brücke ausschließlich vom Güterverkehr genutzt. Die Südbrücke wurde als Stahlbau errichtet. Die Mischung aus leicht wirkendem Stahlkonstrukt und Sandsteinbau entsprang dem Formempfinden der Bauzeit. Stahl galt damals als Material für Allzweckbauten, Stein als fein. Die Konstrukteure versuchten die Südbrücke mit hohen Bögen und wenigen Diagonalen so zu formen, dass sie den Blick auf die Stadt kaum beeinträchtigt. 1906 begann der Bau, 1909 brach ein Gerüst zusammen. Es kamen neun Arbeiter ums Leben.

Die **Rodenkirchener Brücke** war in den 1930er Jahren als Teil eines weit- und weltläufigen Fernstraßennetzes zwischen London, Istanbul und Skandinavien geplant. 1941 wurde sie eröffnet. 1945 machte der Zweite Weltkrieg Plan und Brücke zunichte. Ein paar Jahre später wurde die Brücke unverändert als versteifte Kabelhängebrücke mit hohen Portalen dicht am Ufer wiederaufgebaut, Anfang der 1990er Jahr mit einem Zwillingsbau erweitert.

24 MAN KENNT SICH, MAN HILFT SICH

WO AUS FILZ NICHT NUR PANTOFFELN WERDEN

Heute ist ein Tag, an dem Ulla ihre Entscheidung, nach Köln umgesiedelt zu sein, zutiefst bedauert. Stefan ist bereits im Büro, und sie sitzt allein in der Wohnung. In Stefans Wohnung, wie ihr wieder einmal bewusst wird. Zwar stehen auch ein paar Möbel von ihr hier, Sessel, Schreibtischstuhl und Kommode, aber der Rest trägt das Etikett »gehört Stefan«.

Am deutlichsten wird Ulla bewusst, dass sie in der Wohnung eigentlich nur zu Besuch ist, wenn sie etwas sucht, was sie nicht täglich braucht bzw. schon lange nicht mehr gebraucht hat. Kürzlich hatte sie sich endlich aufgerafft, ins Schwimmbad zu fahren und einige Bahnen zu kraulen. Ihr Rücken würde es ihr danken. Aber dann wusste sie nicht, wo ihr Badeanzug ist. Vermutlich in einem ihrer 16 Kartons, die noch immer unausgepackt im Flur standen. Wohin sollte sie auch mit dem Kram in der kleinen Wohnung? Beim Durchwühlen des siebten Kartons verlor Ulla die Lust aufs Schwimmen.

Sie brauchen endlich eine neue Wohnung. Intensiv gesucht hatten sie, sogar eine ganze Weile. Doch irgendwann war ihre Frusttoleranz überschritten. Ohne viele Worte versickerten ihre Suchbemühungen. Aber auf Dauer Kartons im Flur, auf Dauer zwischen Tür und Angel arbeiten und auf Dauer ohne ihre Möbel in Stefans kleiner Wohnung leben, das funktioniert einfach nicht. Sie brauchen ein neues, größeres und vor allem gemeinsames Zuhause.

Ulla ruft auf ihrem Laptop Wohnungsportale auf. Oh Wunder, es gelingt ihr, noch am gleichen Nachmittag eine Wohnung besichtigen zu können. Dass sie dafür bei ihren persönlichen Angaben etwas gepfuscht hat, geschenkt. Stefan und sie sind ja quasi wie verlobt, leben vielleicht nicht seit Jahren, aber schon eine ganze Weile zusammen, und sie haben regelmäßige Einkünfte. Also Stefan, der bei der Stadt Köln arbeitet. Ihre Einnahmen könnten gerne regelmäßiger sein. Dass sie Influencerin ist, hat sie lieber verschwiegen. Erfahrung macht schlau. Journalistin klingt in den Ohren von Immobilienmakler*innen direkt solventer.

Ulla fährt zur Wohnung. Nach ihrem Wohnungs-Fauxpas auf der Schäl Sick kommen nur Angebote infrage, die auf der richtigen Seite des Rheins liegen. Dieses Mal Belgisches Viertel. Altbau. Wow. Allerdings sind außer ihr mindestens 20 weitere Interessenten da und warten im Treppenhaus auf die Immobilienmaklerin. Das kennt Ulla und reiht sich ein. Mit ihr sind es 21 hoffnungsvolle Menschen, die sich eine schicke Altbauwohnung wünschen. Ulla scannt die einzelnen Kandidaten. Wer hat bessere Chancen als sie, wer schlechtere? Das Paar ganz vorne zeigt deutlich, dass es sich die Wohnung leisten kann. Teure Uhren, die Autoschlüssel eines Sportwagens und das kostspielige Aftershave nimmt sie sogar aus einigen Metern Entfernung wahr. Starke Konkurrenz. Insgesamt liegt sie in ihrer geheimen Rechnung auf Platz vier, vielleicht auch fünf, wenn der Vermieter oder die Vermieterin ein Herz für Hunde hat.

Die Wohnungstür öffnet sich, und die Immobilienmaklerin kommt mit dem Handy am Ohr ins Treppenhaus, beendet das Telefonat, bittet um Ruhe und fragt, wer die Bekannte von Marlies

Schuhmacher sei. Ein junger Mann macht auf sich aufmerksam und darf an den Wartenden vorbei hochgehen. Die Maklerin verkündet, dass die Wohnung vergeben wurde, und verschwindet mit dem Bekannten von Marlies Schuhmacher in der Altbau-Traumwohnung.

Moment mal! Was ist denn hier los? So was hat Ulla ja noch nie erlebt. Wie kann man mit den Leuten so umspringen? Aber außer ihr scheint das niemanden aufzuregen. Die anderen im Treppenhaus, selbst das Paar mit den Statussymbolen, fügen sich fatalistisch in ihr Schicksal und gehen. Ulla empört sich laut und fassungslos: »Das ist doch hier Korruption, Vetternwirtschaft, 'ne Riesenschweinerei!«

Leck mich en de Täsch, wat für 'n Malör

So könnte man das auch nennen. In Köln bezeichnet man es als Klüngeln. Wer nicht zum erlauchten Kreis gehört, wer niemanden kennt, der jemanden kennt, hat es in Köln nicht leicht. Jobs bei der Stadt ohne Beziehungen? Pfff. Eine Wohnung von einer städtischen Genossenschaft ohne Fürsprecher? Kann man vergessen. Nicht im Karnevalsverein sein und trotzdem in der Stadt Geschäfte machen wollen? Ehrgeizig bis tollkühn.

Der Kölsche Klüngel ist ein großes Netzwerk, das über Generationen in der Stadt gewachsen ist. Dagegen anzukämpfen ist vergebliche Liebesmüh. Besser man hält sich an das Kölsche Grundgesetz, übt sich in Gelassenheit und überlegt dann in Ruhe, wen man selbst kennt, der einen anderen kennt, der einem helfen kann, und ruft den dann an.

Schwaadschnüss

Als **Kölscher Klüngel** wird gemeinhin ein für Köln typisches System von Hilfeleistungen und Gefälligkeiten bezeichnet, das auf Gegenseitigkeit beruht. Manchmal findet Klüngeln ungeniert in der Öffentlichkeit statt, aber in der Regel im Versteckten. Geklüngelt wird privat, in der lokalen Politik und im Geschäftsleben. Die Grenze zur Korruption ist fließend bzw. geradezu unsichtbar. Tatsächlich gibt es aber auch Kölner*innen, die das Klüngeln ins Gefängnis gebracht hat. Sie haben es dann eindeutig mit dem Mauscheln übertrieben.

Was das Klüngeln angeht, haben die Kölner*innen kein Unrechtsbewusstsein. »Die eine Hand wäscht die andere« oder »Man kennt sich, man hilft sich« steckt in der DNA der Einheimischen. Jeder hat schon mal vom Klüngeln profitiert. Es gibt den Kölner*innen das gute Gefühl, dazuzugehören, Freund*innen zu haben, auf die man sich verlassen kann. Mit anderen Worten: richtige Kölner*innen zu sein.

BESTENS VERNETZT

Wo kommt der Begriff Klüngel eigentlich her? Etymologisch führt er zum althochdeutschen *clungilin*, was die Verkleinerungsform von *clunga* ist. *Clunga* ist ein Knäuel, *clungilin* damit ein kleines Knäuel. Ein Knäuel symbolisiert den Klüngel ganz gut. Unzählige Fäden verweben sich zu einem Ganzen und damit zu einem stabileren Gefüge, als es ein einzelner Faden sein kann. Allerdings ist das Gefüge auch intransparent. Durch die verwobenen Fäden erkennt man den Kern nicht mehr.

Historisch lässt sich die Klüngelei auf die Schlacht von Worringen 1288 zurückführen. Die Kölner*innen haben also schon früh mit dem Klüngeln angefangen. Der bisher regierende Kölner Erzbischof musste nach seiner Niederlage die Stadt verlassen und durfte sie nur noch zu Gottesdiensten betreten. Stattdessen übernahmen 15 Patrizierfamilien, die bereits wirtschaftlich erfolgreich waren, die Macht. Folge war, dass Politik von da an ein ständiges Geben und Nehmen innerhalb dieser Familien war.

So kam das System Klüngeln in die kölsche Welt und verschwand nicht mehr. Mal war es präsenter, mal weniger, zum Beispiel während der Besetzung Kölns durch französische Revolutionstruppen 1794 oder in der Zeit unter preußischer Verwaltung oder auch während der Nazidiktatur. In diesen Zeiten wurde es unterdrückt.

Inoffiziell ging der Klüngel natürlich weiter. Nach dem Zweiten Weltkrieg blühte das Prinzip dann auch schnell wieder auf. Nur dass statt alter Patrizierfamilien jetzt die Parteien miteinander klüngelten. Wer, wann und wo in der Stadtverwaltung befördert wird, handelt man in Hinterzimmern aus. Gut dotierte Posten bei städtischen Unternehmen werden nach Parteienproporz verteilt. Große Aufträge sind immer Geschäfte auf Gegenseitigkeit.

Eine Ebene tiefer findet der Klüngel in den Vereinen Kölns statt. In den großen Karnevalsgesellschaften wird nicht nur der Karneval organisiert, sie sind auch das wichtigste Netzwerk für alle, die in Köln geschäftlichen Erfolg haben wollen. Dass dabei die Grenzen zwischen Karneval und Politik fließend sind – selbstredend.

Für alle anderen gilt: Köln ist zwar eine Millionenstadt, aber auch ein Dorf bzw. viele kleine Dörfer. Alle kennen sich irgendwie. Da die Kölschen dazu noch sehr kommunikativ sind, weiß jeder schnell, wer, wann, wo, was organisieren kann. Und da ist es Ehrensache, zu helfen, wenn man kann. Denn der andere wird einem gewiss umgekehrt auch helfen, wenn er kann.

Sucht jemand zum Beispiel eine Wohnung, kennt jemand anderes bestimmt irgendjemanden, der wieder jemanden kennt, der seine Wohnung vermieten will. Ist die Waschmaschine kaputt, so weiß gewiss jemand, welcher Handwerker*in ohne lange Wartezeit repariert. Braucht jemand einen neuen Job oder dessen Kind eine Ausbildung? Da hilft der Klüngel verlässlicher als die Jobbörse der Arbeitsagentur.

Hilfst du mir, helfe ich dir. Wenn dadurch allen geholfen wird, ist es doch bestens. Aus diesem Grund ist man in Köln stolz auf das Klüngeln und bekennt sich öffentlich dazu.

Vor der Kehrseite der Medaille drückt man dann gern mal ein Auge zu: Denn nicht immer findet gegenseitige Hilfe auf Augenhöhe statt. Zum Beispiel bei öffentlichen Projekten. Da haben Politiker, Verwaltungsbeamte oder Angestellte im Öffentlichen Dienst die Macht, Einfluss auf die Vergabe der Aufträge zu nehmen. Trotz Ausschreibungspflicht und internem Controlling. Da geht es oft um viel Geld, von dem alle Beteiligten etwas abhaben wollen. Man klüngelt, um sich privat zu bereichern. Es geht um Korruption oder Bestechung, um Verschwendung von Steuergeldern bzw. öffentlichen Eigentums. Die Grenzen zum Gesetzesbruch werden immer wieder überschritten. Ein Fall für die Justiz, wenn die Sache an die Öffentlichkeit kommen sollte.

25 BETRETEN VERBOTEN

SONST GIBT ES DISSONANZEN

Ulla regt sich am Telefon bei ihrer Mutter über ihr Erlebnis bei der Wohnungsbesichtigung auf. Nur weil einer eine kannte, bekam er die Wohnung. Für sie ist das eine unfaire Vorteilnahme – für Stefan und die Kölner*innen dagegen Klüngeln und ganz normal in Köln. Da Ulla nebenbei auch erzählt hat, dass Stefan über das Wochenende auf einer Fortbildung in München ist, wechselt ihre Mutter das Thema.

»Mensch Ulla, komm doch am Wochenende nach Hause. Papa würde sich freuen. Und ich auch. Dann kannst du auch deine Freundinnen treffen. In Köln bist du nur allein.«

Ulla weiß, das ist lieb gemeint. Aber allein ist sie schon lange nicht mehr. Sie hat sich in ihrer neuen Heimat eingelebt, Freunde gefunden und sich für das Wochenende bereits einiges vorgenommen. Sie will mit Maike die lange Nacht der Museen besuchen. Stefan findet Museen nämlich langweilig. Maike aber nicht. Ulla will unbedingt eine Sonderausstellung im **Museum Ludwig** sehen. Auch wenn Ulla ihre Mutter und ihren Vater natürlich auch und die Freundinnen vermisst, hat sie sich doch für den Neubeginn in

Köln entschieden. Und das muss auch ihre Mutter akzeptieren – auch wenn es ihr schwerfällt.

KUNST BIS IN DIE PUPPEN

In der **Langen Nacht der Museen** kann man, nicht nur in Köln, bis tief in die Nacht durch die Kölner Kunstszene streifen. Man zahlt einmal 20 Euro und hat damit freien Eintritt zu etwa 45 verschiedenen Stationen der hiesigen Kulturwelt: Museen, originelle Off-Spaces, Künstlerateliers oder auch Konzerträume. Rund 200 Veranstaltungen sind im Angebot, verteilt auf die ganze Stadt. Ein Shuttleservice hilft, möglichst viele davon abzuklappern. Die Lange Nacht beginnt um 19 Uhr und endet gegen 3 Uhr. Auf dem **Neumarkt** kann man sich beim Hauptsponsor sogar ein kleines Snackpaket abholen, um durchzuhalten. Ab Mitternacht steigt im **Stadtgarten** dann die After-Show-Party. Mit rund 20.000 Besucher*innen ist die Kölner Lange Nacht die größte in NRW.

Am Wochenende passiert natürlich, was einem Freelancer immer passieren kann: Ulla muss für einen Auftrag noch ein paar Korrekturen machen. Erst gegen 18 Uhr kann sie alles an den Kunden schicken. Schnell umziehen. Maike und sie wollen nach dem Besuch im Museum Ludwig noch ein paar andere Veranstaltungen ansehen und dann natürlich auf die After-Show-Party.

18.30 Uhr tritt Ulla aus der Wohnung. Ein bisschen Eile ist schon angesagt, wenn sie Maike nicht warten lassen will. Sie nimmt einen E-Roller, der praktischerweise fast vor ihrer Haustür abgestellt wurde. Jetzt aber schnell Richtung Museum. Ulla nimmt die Promenade am Rhein entlang, die **Trankgassenwerft**. Hinter der **Hohenzollernbrücke** geht es in den **Weltjugendtagsweg**, dann den Aufgang hoch zum **Dom**. Fast hat Ulla ihr Ziel erreicht. Schnell noch über den **Heinrich-Böll-Platz** fahren, und dann ist sie da.

Von wegen schnell. Zwei grimmig dreinblickende, muskelbepackte Security-Männer stellen sich ihr in den Weg. Keine Durchfahrt! Ulla sieht sich um. Weit und breit kein Grund zu sehen, ihr den Weg zu versperren. Kein Rettungswagen, keine Feuerwehr, keine Baustelle, nichts. Ulla hat keine Lust, sich von zwei Uniformträgern, die offenbar ihre Macht ausspielen wollen, tyrannisieren zu lassen, spricht Passanten an, die offenbar auch ins Museum wollen und bittet sie um Unterstützung. Doch die eilen bereits weiter.

Da fällt Ulla auf, dass sie die Einzige ist, die quer über den Platz fahren wollte, alle anderen machen einen großen Bogen herum. Haben die alle Angst vor den Securities?

Leck mich en de Täsch, wat für 'n Malör

Natürlich haben sie keine Angst vor den Securities, sondern Respekt für die Kunst, in diesem Fall für die Musik. Was Ulla nicht weiß: Der Platz, über den sie gerade fahren wollte, ist die Dachkuppel der Kölner Philharmonie, des Konzertsaals der Stadt. Der Sound des Innenraums ist nach vielen Nachbesserungen hervorragend. Viele international renommierte Orchester und Einzelkünstler*innen treten hier auf. Viele Konzerte werden vom WDR aufgezeichnet, als CD oder digital vertrieben.

Die Philharmonie hat nur einen Konstruktionsfehler: die Dachkuppel. Natürlich hätte es kein Problem sein sollen, während eines Konzertes über das Dach zu gehen oder mit Fahrrad, Skateboards oder E-Roller darüber zu fahren. Ist es aber doch. Denn sofort übertragen sich die Geräusche eine Etage tiefer und schmälern den Kunstgenuss des Publikums. Von der Konzentration bei den Orchestern, Dirigent*innen und Künstler*innen erst gar nicht zu reden.

Alle Versuche, den Konstruktionsfehler zu beheben, sind bisher gescheitert. Wenn pianissimo gespielt wird, hört man alles, was auf dem Dach draußen passiert. Die einzige Lösung war daher, während der Konzerte und Proben die Dachkuppel von Securities bewachen zu lassen. Sie verhindern, dass jemand auf das Dach tritt und sorgen damit für den ungestörten Kunstgenuss in der Philharmonie. Also: den Anweisungen folgen und einen kleinen Bogen um den Platz machen.

Schwaadschnüss

Die Kölner Philharmonie wurde 1986 im Gebäudekomplex des **Museum Ludwig** eröffnet. Als großer Konzertsaal löste sie damals den **Gürzenich** ab, eine altehrwürdige Festhalle im Zentrum der Kölner Altstadt, nicht weit von der heutigen Philharmonie entfernt. Deshalb heißt das Kölner Sinfonieorchester auch heute noch Gürzenich-Orchester Köln.

Der Konzertsaal der Philharmonie wurde architektonisch einem Amphitheater nachempfunden. So sollte eine perfekte Raumakustik entstehen. Keine Wand liegt im gesamten Saal einer anderen direkt gegenüber. Dadurch stört kein unerwünschtes Echo die Musik. Nach anfänglichen Klangproblemen wurde lange an Größe und Polsterung der Sitze experimentiert. Inzwischen ist die von den Sitzen ausgehende Schalldämpfung konstant, unabhängig, ob Zuschauer*innen drauf sitzen oder der Platz frei bleibt.

Außerdem sollten Klang und Sicht im Innenraum nicht von Dachstützen gestört werden. Da der Raum groß ist, bei einem ausverkauften Konzert fasst er um die 2.000 Zuschauer*innen, musste das Dach von weitspannenden Trägern gehalten werden. Die übertragen aber, was nicht geplant war, jedes Geräusch vom Dach ins Innere des Konzertsaals. Die Ursache soll ein fehlerhafter Bodenbelag sein. Der lässt sich so einfach aber nicht ersetzten, und so muss die Security ran.

Aber es droht weiteres Ungemach. Seit 2009 wird zwei Meter unter der Philharmonie ein U-Bahntunnel für die Nord-Süd-Strecken der KVB gebaut. Obwohl alles für den Schallschutz getan wurde und es noch keinen Fahrbetrieb gibt, haben Tests bereits ergeben, dass die

Fahrgeräusche der U-Bahn im Konzertsaal zu hören sein werden. Welche Lösung sich die Kölner*innen wollen da einfallen lassen?

26 UND DER HAIFISCH, DER HAT ZÄHNE

UND SCHLITTSCHUHFAHREN KANN ER AUCH

»Das gibt's ja wohl nicht!« Ulla blickt fassungslos auf ihr Handy. Stefan sieht sie fragend an.

»Was?«

»'Ne SMS von dem Makler. Wir kriegen die Wohnung nicht!«

Stefan schüttelt ungläubig den Kopf und beißt in sein Brötchen.

Ulla schiebt ihren Frühstücksteller mit dem angebissenen Croissant beiseite. »Mir ist der Appetit vergangen.« Erneut blickt sie auf die SMS und liest ironisch: »Leider wurde die Wohnung anderweitig vergeben.« Sie knallt ihr Handy auf den Tisch.

Stefan grinst. »Hey, das Handy kann nichts dafür.«

»Dass du noch Scherze machen kannst«, ärgert sich Ulla. »Wir suchen seit Ewigkeiten, haben den Leuten unser Leben quasi offengelegt. Ich hab meine Kunden um Bestätigungen angefleht, dass sie mit mir weiterarbeiten wollen, und wofür?« Ulla ist den Tränen nahe.

Stefan nimmt seine Liebste in den Arm. »Du kennst doch unser *Jrundjesetz*, nicht?«

Und ob sie das kölsche Grundgesetz kennt. Es findet für jede Lebenslage eine gelassene Antwort. Bei Ulla reicht sogar die pure Erwähnung, und sie muss lachen: *»Et es, wie et es.«*

Stefan nickt und fährt fort: *»Et hätt noch emmer joot jejange.«*

Oder auf Hochdeutsch: Es ist, wie es ist. Es ist noch immer gut gegangen. Ulla nickt nachdenklich. »Du hast ja recht. Man kann nichts erzwingen. Und wahrscheinlich war das ein ganz blöder Vermieter.«

»Absolut«, bestätigt Stefan. »Der hätte uns mit allem genervt.«

Ulla erinnert sich lachend an die Wohnungsbesichtigung in Anwesenheit von Makler und Vermieter. »Ich versteh ja mittlerweile ganz gut Kölsch, aber der hat gesprochen wie deine Eltern an *Fastelovend.*« Ulla imitiert den kölschen Singsang des Vermieters: *»Hür ens, kein Schmiralje em Flor.«* (Hören Sie, keinen Dreck im Flur).

Stefan küsst Ulla: »Mein *kölsche Mädche!*«

Ein Anflug von Stolz steigt in Ulla auf. Es freut sie, dass Stefan sie als Kölsche bezeichnet. Tatsächlich scheint so langsam die kölsche Einstellung in ihrem Blut zu zirkulieren. Das ist gut so. Es macht das Leben so viel entspannter.

Stefan bricht zur Arbeit auf, und Ulla beginnt mit ihrer Alltagsroutine: Tisch abräumen, Ordnung machen und die Wohnungsportale im Internet checken. Nichts Neues. Dann setzt sie sich an ihre Arbeit. Im Auftrag eines Kunstmagazins bloggt sie über Modeillustrationen. Sie ist völlig vertieft in ihr Tun, als sie vom Klingeln ihres Handys aufgeschreckt wird.

Marie, Stefans Schwester, ruft an und sprudelt sofort los. *»Ulla, isch han e Wohnung för üch. Die es joldich. Kunibertsveedel.* 60 Quadratmeter, Balkon, 970 warm. *Wat säh's de?*« (Ulla, ich hab eine Wohnung für euch. Die ist wunderbar. ... Was sagst du?) Statt Ullas Antwort abzuwarten antwortet Marie direkt selbst. *»Do habt ehr fies Jlöck.«* (Da habt ihr großes Glück.)

Doch so kölsch ist Ullas Lebensgefühl noch nicht. Ihr kühler nordischer Verstand trägt Bedenken. »Na ja, aber so schnell geht das nicht. Die Wohnung müssen wir uns erst ansehen, und dann muss ja auch der Vermieter einverstanden sein.«

Marie legt direkt los: »*Der Wohnung es rappelich, Ulla. Gläuv mer. Der jehoot enem Fründ. D'r hät a Huus jekauft. Sin wiev kritt a panz.*« (Die Wohnung ist toll, Ulla. Glaub mir. Die gehört einem Freund. Der hat ein Haus gekauft. Die Frau kriegt ein Kind.)

Auch wenn Ulla den Wortlaut nicht exakt verstanden hat, so sind ihr der grobe Inhalt und dessen Bedeutung klar geworden: Es liegt im Bereich des Wahrscheinlichen, dass Stefan und sie die Wohnung bekommen könnten. Klüngel macht es möglich. Dennoch will sie sich nicht in zu große Vorfreude stürzen, sondern den Dingen realistisch ins Auge blicken. Marie verspricht, den Wohnungsschlüssel von ihrem Bekannten zu besorgen, damit Ulla und Stefan die Wohnung besichtigen können.

Auf ihren Blog kann sich Ulla nach Maries Anruf nicht mehr konzentrieren. Die Aussicht auf eine Wohnung euphorisiert sie viel zu sehr. Ulla muss raus – in das **Kunibertsviertel** und vielleicht ihr zukünftiges Wohn-*Veedel*. Seinen Namen verdankt es der Kirche **St. Kunibert**. Die kennt Ulla bereits von ihrem Auftrag über die romanischen Kirchen Kölns. Damals ahnte sie noch nicht, dass sie in der Gegend vielleicht mal wohnen würde.

BAHNHOFSVIERTEL

Neben dem Dom und St. Martin prägt auch **St. Kunibert** die Kölner Skyline und das **Kunibertsviertel**. Es liegt zwischen Rhein, **Theodor-Heuss-Ring**, **Turiner Straße** und **Kölner Hauptbahnhof**.

Mitten im alteingesessenen *Veedel* ist die **Hochschule für Musik und Tanz**. Sie gehört mit ihren drei Standorten in Köln, Wuppertal und Aachen zu den größten Musikhochschulen Europas. Die Studierenden kommen aus über 60 Ländern. Es gibt feste Kooperationen u. a. mit der Stadt Köln, dem WDR, dem Deutschlandradio und der Kölner Philharmonie.

Das Viertel ist aber auch als Wirtschaftsstandort bedeutend. 1864 gründeten Nicolaus August Otto und August Langen in der **Servasgasse** den Vorläufer der späteren Gasmotoren-Fabrik Deutz AG. In einem kleinen Reihenhaus in der **Jakordenstraße** wurde die REWE Gruppe gegründet. An die Anfänge des Unternehmens erinnert ein historischer Kaufmannsladen im Firmenmuseum in der **Domstraße**.

Nach ihrem Spaziergang durch das Kunibertsviertel kehrt Ulla in Stefans Wohnung zurück. Noch immer stehen im Flur ihre Kartons. Auspacken macht keinen Sinn. Wohin mit den Sachen? Die Wohnung platzt bereits aus allen Nähten. Ehe Ulla in 60-Quadratmeter-Wohnungsträume abdriftet, setzt sie sich mit ihrem Laptop auf den Knien auf das Sofa und arbeitet weiter. Beim Schreiben versinkt sie in die Welt der Modezeichnungen und vergisst die Welt draußen. Selbst den Signalton ihres Handys, dass eine SMS eingegangen ist, überhört sie und sieht erst viel später, dass Marie sich gemeldet hat.

Marie schreibt, dass sie den Wohnungsschlüssel hat. Ulla kann ihn sofort bei ihr abholen. Ulla ruft direkt bei ihr an. Die Mailbox springt an, und Ulla hinterlässt die Botschaft, dass sie direkt kommen könne. Es vergeht endlos viel Zeit, in Wirklichkeit gerade mal eine halbe Stunde. Ulla wird nervös. Warum meldet sich Marie nicht zurück? Sie checkt ihr Handy. Hat sie es vielleicht auf stumm gestellt? Nein. Gibt es ein technisches Problem? Nein. Eine weitere halbe Stunde vergeht.

Ulla hält es nicht mehr aus. Weil Marie oft bei ihren Eltern ist, ruft Ulla da an. Fehlanzeige. Marie ist auch nicht bei Heike und Willi. Dafür wissen die aber, wo man Marie jetzt finden kann: bei den Haien. Ulla bedankt sich und beendet das Telefonat. Hoffentlich hat Marie den Wohnungsschlüssel mitgenommen. Von Stefans Wohnung bis zum Kölner Zoo und dem Aquarium ist es nicht weit. Wobei sich Ulla natürlich schon fragt, warum sich Marie für Meeresraubtiere interessiert.

Leck mich en de Täsch, wat für 'n Malör

Bis zum Kölner Zoo ist es vom **Agnesviertel** wirklich nicht weit, aber bis zu den **Haien** schon. So heißt nämlich der Kölner Eishockeyverein, und der spielt in der **Lanxess-Arena** in **Köln-Deutz**. Ursprünglich gehörten die Haie zum Kölner Eisklub (KEK). 1972 gründeten sie ihren eigenen Verein. Er sollte Kölner Eishockeyclub (KEC) heißen. Da aber KEK und KEC zu ähnlich klangen, befürchtete man Verwechslungen und fügte dem Clubnamen Die Haie hinzu. Seitdem ist der Hai das Markenzeichen des Vereins und seit 1995 offizieller Namensbestandteil.

Schwaadschnüss

Ursprünglich kommt die Tradition, Vereine mit Tiernamen zu benennen, aus den USA. Dort haben nicht nur Eishockeyvereine, sondern auch andere Sportmannschaften – etwa im American Football, Baseball und Basketball – tierische Namenspaten. Als 1994 die Deutsche-Eishockey-Liga (DEL) gegründet wurde, breiteten sich die Tiernamen auch in Deutschland aus. Von 18 Mannschaften änderten 14 ihre traditionellen Clubnamen. Aber der erste und bekannteste europäische Eishockeyverein waren die Kölner Haie. Zwar hatten sie bis zur Gründung der DEL Die Haie nur als Zusatzbezeichnung, aber der Name war längst überall bekannt.

27 GANZ KÖLN IST *RADERDOLL*

ODER: DIE FÜNFTE JAHRESZEIT BEGINNT

Irgendwie ist es wie verhext. Ganz egal wo Ulla anruft, ob sie einen Termin beim Friseur vereinbaren will, einen Routinecheck bei der Zahnärztin oder bei der Kosmetikerin: Heute in einer Woche hat niemand Zeit. Ulla denkt sich nichts weiter dabei. Die rheinische Gelassenheit färbt immer stärker auf sie ab. Zum Friseur, zur Ärztin und zur Kosmetikerin kann sie noch immer.

Aber der Absagereigen hört nicht auf, sondern geht beruflich weiter. Als sie ein Model für ein Shooting für eben jenen Tag in einer Woche anruft, gibt die ihr einen Korb. Dabei weiß Ulla, dass die Frau dringend Aufträge sucht. Als Ulla eine Location für den Tag buchen will, kommt eine kommentarlose Absage. Eine Kölner Agentur, mit der sie ein Skype-Meeting verabreden wollte, antwortete nur mit einem Clown-Emoji. Das Ende vom Lied ist: Ulla hat an diesem Tag im November keinen Auftrag, keine Verabredung, einfach nichts. Ihr digitaler Terminkalender war leer – was schon lange nicht mehr vorkam.

Wie schön aber, dass sich auch Stefan an dem Tag freigenommen hatte. Als hätte er geahnt, dass sie zur Untätigkeit gezwungen ist. Doch statt etwas gemeinsam zu unternehmen, geht er frühmorgens eine Runde Joggen. »Um nachher in Form zu sein«, sagt er augenzwinkernd.

Ulla versteht nur Bahnhof. »Wofür in Form?«

Doch Stefan ist bereits auf und davon. Als er zurück und geduscht ist, grinst er Ulla breit an. »Überraschung! Bist du bereit?«

Jetzt grinst auch Ulla. Sie liebt Überraschungen und fragt natürlich nicht nach, denn dann wäre es ja keine Überraschung mehr.

Zur Überraschung geht es mit dem Auto. Und schon auf der Neusser Straße überqueren merkwürdig gekleidete Gestalten einen Zebrastreifen. Einer sieht aus wie Chewbacca, das haarige Wesen aus *Star Wars*, das Mädchen daneben wie Lara Croft aus *Tomb Raider* … Moment mal, denkt Ulla, ist heute etwa …?

Genau, der 11. November. Da war doch was. Irgendwas mit Karneval. Lässt Stefan deshalb Kölsche Musik im Auto laufen? Hat die Überraschung etwa damit zu tun? Oje, auf Karneval hat Ulla wirklich keine Lust. Aber das lässt sie Stefan nicht merken – sie will ihm seine Überraschung nicht verderben.

Stattdessen lauscht sie der Musik. Ulla versteht schon ganz passabel Kölsch, aber wenn es gesungen wird, muss sie passen bzw. sich auf die Bruchstücke verlassen, die sie raushören kann. Mal geht es um einen Sultan, der offenbar Durst hat, in einem fast gospelähnlichen Lied wird behauptet, dass das Wasser der Stadt gut sei. Vielleicht in uralten Vorzeiten, denkt sich Ulla. Jetzt ist es äußerst kalkhaltig. Ihren Wasserkocher muss sie mindestens einmal die Woche entkalken.

Stefan grölt alle Lieder mit. Selbstverständlich kennt er die Texte in- und auswendig. Ulla lässt ihn gewähren, auch weil sie längst weiß, welchen hohen Stellenwert das kölsche Liedgut in Köln hat. Es ist quasi heilig, kommt gleich nach dem Kölner Dom.

KÖLSCHES LIEDGUT

Richtig! Der*die Kölner*in ist sehr stolz auf seine*ihre Musikkultur. Stellt man den Bewohner*innen der Domstadt die Frage, die alle Musikfans bewegt: Wer ist wichtiger für die Geschichte der Popmusik, die Beatles oder die Rolling Stones? Da werden die Kölner*innen keinen Moment zögern und antworten die Bläck Fööss. Wer bitte?

So geht es vielen außerhalb der Stadt. Die erfolgreichsten Musiker Kölns singen in der Regel in kölscher Mundart, treten fast nur in ihrer Heimat und der unmittelbaren Umgebung auf und gehören trotzdem zu den Topverdienern des deutschen Musikbusiness.

Bands wie die Bläck Fööss, De Höhner oder Brings, um nur ein paar zu nennen, füllen bei ihren Auftritten problemlos mehrere Tage hintereinander die **Lanxess-Arena**. Das schaffen nicht einmal internationale Top-Acts.

Der musikalische Erfolg der Bands ist eng mit dem Karneval verbunden. Hier sind sie alle groß geworden. Viele wurden nur zu diesem Zweck gegründet, andere, wie zum Beispiel Brings, gab es bereits viele Jahre. Erfolgreich wurden sie erst, als sie sich dem Karneval widmeten. Dabei reicht das musikalische Repertoire der kölschen Musik von den Krätzchensängern aus der ersten Hälfte des 20. Jahrhunderts bis zu den Schlagern und Rocknummern heute.

Krätzchen sind Lieder in rheinischer Mundart, die das jeweils aktuelle Zeitgeschehen humoristisch auf den Arm nehmen. In der Regel werden sie nur von einer akustischen Gitarre begleitet. Der vielleicht bekannteste Krätzchensänger war Willi Ostermann. Seine Lieder *Och wat wor dat fröher schön doch en Colonia*, *Einmal am Rhein* oder *Heimweh nach Köln* kennen alle Kölner*innen. Seine berühmte Liedzeile *»Ich mööch zo Foß noh Kölle gonn«* aus *Heimweh nach Kölle* würde wohl jeder Domstädter unterschreiben. Ostermann hat gefühlt mehr als hundert Karnevalshits komponiert und gesungen.

Ende der 1960er und Anfang der 1970er Jahre änderte sich die bundesrepublikanische Gesellschaft. Willi Brandt wurde Kanzler. Die 68er-Generation stellte bisherige Gewissheiten in Frage. Auch im Kölner Karneval war plötzlich nicht mehr alles, wie es früher war: Zu Beginn der 1970er Jahre betrat ein merkwürdig aussehendes Sextett die Karnevalsbühnen. Lange Haare, »*met bläcke Fööss*« (mit nackten Füßen) und Stromgitarren. Ein Kulturschock in der eher konservativen Welt des Kölschen Karnevals.

Es war die Geburtsstunde der Bläck Fööss. Trotz aller Vorbehalte gegenüber Hippies gelang es ihnen, das Publikum mit ihrer musikalischen Qualität und ihren Texten zu überzeugen. *Drink doch ene met* – die Ode an die rheinische Gastlichkeit war 1971 ihr erster Erfolg. Jemand, dem es finanziell nicht gut geht, bekommt von Leuten an der Theke ganz selbstverständlich ein Kölsch ausgegeben. 1973 folgt *En unserem Veedel*, eine melancholische Hymne über rheinisches Heimatgefühl und Zusammenhalt. Das Lied wird traditionell im **Müngersdorfer Stadion** gespielt, wenn der 1. FC Köln wieder mal aus der Bundesliga absteigt.

Mit dem Erfolg der Bläck Fööss änderte sich die Karnevalsmusik insgesamt. Immer mehr Bands mit elektronischen Instrumenten traten mit rock- oder schlagerartigen Liedern auf und drängten die traditionellen Blaskapellen in den Hintergrund. Für einen musikalischen Skandal sorgte dann noch mal die Gruppe Brings, als sie *Poppe, Kaate, Danze* sangen. Das kölsche *poppe* steht umgangssprachlich für Geschlechtsverkehr. Erwähnen muss man auch die Höhner, die inzwischen genauso erfolgreich sind wie die Bläck Fööss. Erfolgreich heißt, sie verdienen mit ihren Auftritten während der Karnevalszeit so viel, dass sie das ganze Jahr gut davon leben können.

Mit den letzten Takten des kölschen Fremdgehklassikers *Ich ben 'ne Räuber* geht Ullas und Stefans Autofahrt zu Ende. Und zwar vor seinem Elternhaus. Ist das Stefans Ernst? Sie waren doch erst vor ein paar Tagen zu Besuch bei Heike und Willi. Da ging es den beiden gesundheitlich nicht gut. Heike war schwer erkältet mit Fieber und allem, Willi hatte einen schlimmen Hexenschuss und konnte sich kaum bewegen. Ulla vermutet, dass die beiden lieber ihre Ruhe wollen und sicherlich keine Lust auf Karneval haben.

Aber Stefan geht bereits zur Haustür. Er wirft einen Blick auf sein Handy, checkt die Uhrzeit und fordert Ulla auf, sich ein bisschen zu beeilen. Also folgt sie ihm zum Hauseingang. Sie will die Klingel drücken, da hält Stefan ihre Hand fest, zögert eine Sekunde, und die Tür wird von innen aufgerissen. Eine fremde verkleidete Person umarmt die völlig überrumpelte Ulla. Von drinnen erklingt das *Trömmelche*-Lied von den Räubern. Die Person singt laut mit. Aber nicht nur sie. Weitere verkleidete Leute kommen aus dem Haus. Ein Mann in einer rot-weißen Fantasieuniform mit altmodischer bestickter Kopfbedeckung ebenfalls in Rot-Weiß reicht Ulla ein Kölsch. »Prost, Ulla!«

Ulla ist verwirrt. Was machen die Leute in Stefans Elternhaus? Wo sind Heike und Willi überhaupt? Denen muss dieses Theater doch alles andere als recht sein. Sie sieht zu Stefan, doch der schunkelt mit den Leuten zum *Trömmelche*-Lied.

Erst da erkennt Ulla die unbekannte Frau, die sie umarmt hat. Es ist Heike, Stefans Mutter, und der Mann mit dem Kölsch ist Willi. Beide sind als Hänneschen und Bärbelchen – zwei zentrale Figuren des Kölner **Hänneschentheaters** – verkleidet, eines Stabpuppentheaters. Keine Spur mehr von einer Erkältung, der Hexenschuss wie weggezaubert. Die ganze Nachbarschaft ist jetzt auf der Straße, verkleidet, mit Kölsch oder einem Piccolöchen in der Hand. Moment mal, warum prosten sich denn die Bergmanns und die Hankes von nebenan zu und küssen sich? Die haben doch Streit, hat Willi Ulla letztens ausführlichst dargelegt. Und warum sprechen alle plötzlich ein so ursprüngliches Kölsch, dass Ulla keine Chance hat, irgendwas zu verstehen? Haben die neben Kölsch auch schon härtere Sachen genommen? Oder sind alle verrückt geworden?

Leck mich en de Täsch, wat für 'n Malör

Die letzte Frage ist nicht einfach zu beantworten. Vermutlich wäre ein deutliches »Ja« die richtige Antwort. Denn ab dem 11.11. um 11.11 Uhr gelten in Köln andere Gesetze, die alten sind verrückt worden. Es beginnt die »fünfte Jahreszeit«, die es so nur in Köln, Düsseldorf und Mainz gibt.

Schwaadschnüss

Die fünfte Jahreszeit wird landläufig auch Karneval genannt und ist die längste Jahreszeit von allen. Sie geht vom 11.11. bis zum Aschermittwoch, der immer sechs Wochen vor Ostern liegt. Ganz egal wie man die fünfte Jahreszeit jetzt nennt, Karneval, Fasnacht, Fasching, *Fastelovend* oder *Fasteleer* – es gibt sie nur in Gebieten mit mehrheitlich katholischer Bevölkerung.

Der Sinn der fünften Jahreszeit ist es, sich angemessen auf die sechswöchige Fastenzeit vor Ostern vorzubereiten, die mit dem Aschermittwoch beginnt. Es ist ungefähr so, als hätte man sich vorgenommen, ab morgen eine strenge Diät zu machen, aber schlägt sich heute noch mal ordentlich den Bauch voll.

In der katholischen Fastenzeit verzichten die Gläubigen auf Alkohol, übermäßiges Essen und leidenschaftlichen Sex. Jedenfalls offiziell. In den tollen Tagen davor laden sie diesbezüglich ihre Batterien auf. Sie holen also schon vorher nach, worauf sie später verzichten wollen.

In den Karnevalshochburgen wie Köln, Düsseldorf oder Mainz liegt das öffentliche Leben in der heißen Phase des Karnevals an sechs Tagen zwischen Weiberfastnacht und Aschermittwoch fast völlig brach. An den Schulen fällt der Unterricht weitgehend aus, die städtischen Ämter sind geschlossen, die Geschäfte öffnen zeitlich sehr begrenzt. Auf den Straßen sieht man mehr oder weniger fantasievoll kostümierte Menschen. Man kann jetzt sein, was man immer sein wollte: Casanova, Wildkatze oder Vamp. Andere entdecken an den tollen Tagen den Transvestiten in sich und crossdressen.

Während der Karnevalssession, wie die fünfte Jahreszeit auch genannt wird, regiert das **Kölner Dreigestirn** aus Prinz, Bauer und Jungfrau das närrische Volk. Das Dreigestirn, auch *Trifolium* (Dreiblatt von lat. *tres*, drei, und *folium*, Blatt, botanisch: »Klee(blatt)«) genannt, wird jedes Jahr neu besetzt und besteht ausschließlich aus Männern.

Prinz Karneval ist der höchste Repräsentant der aktuellen Kölner Karnevalssession. Bis zum 19. Jahrhundert hieß er noch Held Carneval, vorher sogar Hanswurst. Seit 1823 ist der Held, dann der Prinz die wichtigste Figur des **Rosenmontagszugs**. Bei der Proklamation Anfang Januar des jeweiligen Jahres erhält er durch den Kölner Oberbürgermeister als Symbol seiner Regentschaft eine Pritsche, die er über sein närrisches Volk schwingt. Im Rosenmontagszug grüßt der Prinz immer vom letzten Wagen aus das närrische Volk. Selbstverständlich ist er der prunkvollste und größte des gesamten Zuges.

Der ***Kölsche Buur*** **(Bauer)** wird als Seine Deftigkeit angesprochen. Er symbolisiert die Wehrhaftigkeit der Kölner*innen und geht auf die Befreiung Kölns aus der Macht der Erzbischöfe in der Schlacht von Worringen zurück. Deshalb bekommt er vom Oberbürgermeister bei der Proklamation die Stadtschlüssel verliehen. Die Wehrhaftigkeit wird auch durch den Dreschflegel symbolisiert, den er immer dabei hat.

Die **Kölner Jungfrau**, als Ihre Lieblichkeit tituliert, wird traditionell von einem Mann übernommen (1938 und 1939 befahl die NSDAP, dass eine Frau die Rolle spielt), da der Kölner Karneval früher eine reine Männergesellschaft war. Trotzdem wird sie als beschützende Mutter Colonia bezeichnet. Wegen der Glaubwürdigkeit darf aber weder Bart noch Schnäuzer in der Karnevalszeit getragen werden. Das Gewand der Jungfrau erinnert an die römische Kaiserin Agrippina, die als Gründerin der Stadt Köln gilt.

Höhepunkt der fünften Jahreszeit sind die Karnevalsumzüge. Am Sonntag ist traditionell der *Schull- un Veedelszoch* durch die Kölner Innenstadt und das *Vringsveedel* (das Severinsviertel) unterwegs. Andere Vororte folgen am Dienstag. Aber der Zug aller Züge geht montags durch die Kölner Innenstadt: der Rosenmontagszug.

In Köln hat er eine Länge von fast acht Kilometern. Um die 10.000 Personen ziehen mit. Auf über 150 Festwagen, in Fuß- oder Tanzgruppen oder zu Pferd. Über 1,2 Millionen Zuschauer*innen feiern den Zug am Straßenrand und werden mit über 300 Tonnen *Kamelle* (Süßigkeiten), *Strüssjer* (kleinen Blumensträußchen) und *Bützchen* (Küsschen) belohnt.

Gerade die Karnevalsgesellschaften in den Vororten nähen oft monatelang an den Kostümen, die sie auf dem Umzug tragen. Die Festwagen, die oft politische Themen satirisch kommentieren, werden noch auf den letzten Drücker in Bezug auf aktuelle Situationen umdekoriert und die Musikstücke während der Anreisen im Bus geprobt. Jeder will beim Umzug glänzen, jeder will das Bad in der Menge genießen.

In den Kneipen der Kölner *Veedel* werden in der Karnevalszeit mehr *Bützchen* als *Kamelle* und *Strüßjer* verteilt, und jeder sollte sich hüten, Liebesschwüre, die während der tollen Tage geleistet werden, ernst zu nehmen. Hier gilt der Refrain eines berühmten Karnevalsliedes von Jupp Schmitz: »Am Aschermittwoch ist alles vorbei.« Gefühlt weht ein Hauch von Sodom und Gomorrha durch die Stadt. Nur so lässt sich die Fastenzeit im Anschluss überstehen.

28 11 IST DOCH BLOSS EINE ZAHL

ABER IN KÖLN IST SIE HEILIG

Müde von der ausgelassenen Party bei Stefans Eltern zum 11.11. und der kräftezehrenden Besprechung, die sie heute mit einer Kölner Designerin geführt hat, kehrt Ulla in die Wohnung zurück. Ihr Rücken schmerzt. Der Designerstuhl, auf dem sie die ganze Zeit gesessen hat, war schick, aber unbequem. Hinzu kommt, dass trotz der Länge des Gesprächs das Ergebnis offen blieb. »Ob wir miteinander arbeiten, werde ich zeitnah entscheiden.« Mit diesen Worten hatte die Designerin Ulla verabschiedet.

Zu spät zum Einkaufen und weil im Kühlschrank gähnende Leere herrscht, ist Ulla in den Thai-Imbiss gesprungen und hat Essen *to go* besorgt. Doch was ist das? Im Flur brennt eine Lichterkette. Auf dem Boden liegen rote Rosenblätter. Aus dem dunklen Wohnzimmer leuchtet rotes Licht und flackert Kerzenschein. Romantische Musik spielt. Ullas Herz beginnt erregt zu pochen.

Sie fühlt sich in ihre Kindheit versetzt. In die Zeit, als sie an das Christkind glaubte. Sekundenlang taucht das kleine Mädchen vor ihr auf, das in der Nacht vor dem Heiligen Abend vor Aufregung nicht schlafen konnte, das dann aufstand und am Fenster auf die

Ankunft des Christkinds wartete. Doch morgens beim Aufwachen lag sie wieder im Bett. Das war verwirrend und ließ sie glauben, nur einen Traum gehabt zu haben. Viele Jahre später erst erfuhr Ulla, dass der Vater sie schlafend unter dem Fenster gefunden und ins Bett getragen hatte. An das Christkind glaubt sie nicht mehr, und für dessen Ankunft wäre Mitte November auch nicht der richtige Zeitpunkt.

Ulla lugt vorsichtig in das Wohnzimmer. Vor Staunen bleibt ihr der Mund offen. »Wie schön«, flüstert sie überwältigt. Der Tisch ist festlich für das Abendessen gedeckt. In der Mitte steht eine Vase mit einem riesigen Strauß roter Rosen, ein Kerzenständer mit brennenden Kerzen. Lichterketten mit Anhängern in Form von Herzen illuminieren den Raum rötlich.

Nach dem anstrengenden und frustrierenden Tag ist Ulla wie geflasht. Sie hört das Aufploppen einer Sektflasche. Stefan tritt aus der Küche mit zwei gefüllten Sektflöten. Verliebt blickt er Ulla in die Augen.

Jetzt beginnt es, in ihr zu rattern. Was wird gefeiert? Sie hat keinen Geburtstag. Noch nicht, wenn auch sehr bald. O meine Göttin, schießt es ihr durch den Kopf. Hat sich Stefan bei ihrem Geburtsdatum vertan? Glaubt er, der ist heute? Obwohl sie nichts dafür kann, fühlt sich Ulla in diesem Moment hundsmiserabel. Während sie die Sektflöte annimmt, überlegt sie fieberhaft, was sie tun soll? Nichts sagen und gute Miene zum falschen Spiel machen oder ihn aufklären und den romantischen Moment zerstören?

Da klickt Stefans Glas gegen ihres. »Auf unseren elften Monat!«, sagt Stefan und trinkt, während Ulla noch ihr Gefühlschaos verdaut.

Ihr elfter Monat? Von was? Sie überschlägt in Windeseile, wann sie sich kennengelernt haben: nein, länger her. Seit wann sie zusammen sind: ja, das sind elf Monate. Aber warum sollte man elf Monate statt zwölf oder eben ein Jahr Beziehung feiern? Sie haben ja auch nicht zehn Monate gefeiert oder neun. Es muss einen anderen Grund geben!

Leck mich en de Täsch, wat für 'n Malör

Falsch. Stefan feiert wirklich, dass Ulla und er seit elf Monaten ein Paar sind. Elf ist eine jecke Zahl. Genauso wie alle anderen zweistelligen Palindromzahlen, also 22, 33, 44, 55, 66, 77, 88, 99. Aber die Elf ist die Jeckste unter den Jecken. Nicht von ungefähr, sondern wegen des Beginns der fünften Jahreszeit am 11.11. um 11.11 Uhr und natürlich, weil der Karnevalsvorsitz beim Elferrat liegt. Die Zahl 11 steht für zwei Einsen und symbolisiert die Gleichheit aller Narren. Auch wenn jeder Jeck anders sein darf.

Manche stellen sogar bei der jecken Elf einen Bezug zur Französischen Revolution von 1789 her. Da kämpfte man für die Werte: Freiheit, Gleichheit und Brüderlichkeit. Weil im Kölner Karneval die Gleichheit den höchsten Stellenwert, noch vor Freiheit und Brüderlichkeit besitzt, gibt es hier eine geänderte Wertreihenfolge: *égalité* (Gleichheit), *liberté* (Freiheit) und *fraternité* (Brüderlichkeit). Nimmt man die Anfangsbuchstaben jedes Wortes, heißt das neue Wort: elf.

Last but not least: Das Kölner Wappen zeigt elf schwarze Tropfen oder stilisierte Flammen auf weißem Grund. Sie stehen für die heilige Ursula und ihre 11.000 Jungfrauen, die als Märtyrerinnen in Köln gestorben sind.

WER WAR »UNS USCHI«

Der Legende nach stammte Ursula aus der Bretagne, aus einem königlichen Haus. Ihre Schönheit war legendär. Von überall reisten die Prinzen an. Alle wollten um ihre Hand anhalten. Doch die gläubige Christin Ursula wollte nicht heiraten, sondern in ein Kloster eintreten.

Als Ätherius anreiste, ein Königssohn aus dem hohen Norden, fühlte sich Ursula zum ersten Mal zu einem fremden Mann hingezogen.

Doch ihre Liebe zu Gott war stärker. Sie lehnte auch Ätherius' Heiratsantrag ab. Das erzürnte dessen Vater. Er drohte mit Rache, wenn es sich Ursula nicht anders überlegen würde.

In der Nacht hatte Ursula eine Vision. Ein Engel erschien ihr und legte ihr nahe, Ätherius zu heiraten. Am nächsten Morgen willigte Ursula in die Ehe ein, aber nur unter zwei Bedingungen. Zuvor wollte sie mit zehn Jungfrauen auf Pilgerreise nach Rom gehen, um die heiligen Stätten der Christen zu besuchen. Die Reise würde drei Jahre dauern. Außerdem verlangte sie, dass sich der Heide Ätherius dem Christentum anschließen muss. Beides wurde Ursula gewährt.

Auf einem extra gebauten Schiff gingen sie und die Jungfrauen auf die Reise nach Rom. Ihre erste Station war die Stadt Köln. Hier wurden sie vom Bischof empfangen. In der Nacht sah Ursula im Traum den Engel wieder. Er bedeutete ihr, am nächsten Morgen direkt nach Rom weiterzureisen. Auf der Rückfahrt aber sollten sie und ihre Gefährtinnen erneut in Köln haltmachen. Denn dort würde sich das Leben aller Jungfrauen erfüllen.

So geschah es. Ursula und ihre Begleiterinnen reisten weiter, verließen in Basel ihr Schiff und pilgerten zu Fuß nach Rom. Der Weg war lang und beschwerlich. Sie litten unter Hunger, Krankheit und Unwetter, aber gaben nicht auf. Irgendwann erreichten sie dann ihr Ziel: Rom. Dort wurden sie vom Papst empfangen und noch einmal getauft.

Dann reisten Ursula und die Jungfrauen zurück nach Köln. Gleichzeitig brach Ätherius auf, um seiner Ursula entgegenzueilen. In Mainz trafen sie aufeinander. Ätherius ließ sich dort wie vereinbart taufen. Ursulas Bedingungen zur Hochzeit waren erfüllt, und so reisten sie gemeinsam nach Köln.

In der Stadt waren aber zwischenzeitlich die Hunnen eingefallen. Trotz der Gefahr unterbrachen Ursula, Ätherius und die Jungfrauen ihre Rückreise nicht. Als sie in Köln ankamen, betraten sie furchtlos die Stadt, bereit ihr Schicksal anzunehmen, und alle bis auf Ursula starben, auch Ätherius.

Der Hunnenkönig Attila war bezaubert von Ursulas Schönheit. Wenn sie ihn heiratete, würde er sie vor dem Tod bewahren. Ursula weigerte sich, wurde von einem Pfeil durchbohrt und starb. Als Attila zu seiner entscheidenden Siegesschlacht antreten wollte, erschienen ihm in der Nacht die getöteten Jungfrauen. Geschockt zog er am nächsten Morgen sofort mit seinem Heer ab.

Aus Dankbarkeit, dass die Stadt vor den Hunnen gerettet worden war, begruben die Kölner*innen die ermordeten Märtyrerinnen und bauten über den Gräbern die Kirche **Sankt Ursula**.

In der Basilika, die den heiligen Jungfrauen gewidmet wurde, gibt es einen Hinweis auf den historischen Hintergrund der Legende aus dem 4./5. Jahrhundert. Die Clematius-Inschrift besagt, dass ein vornehmer Mann namens Clematius diese Basilika wieder aufbauen ließ. Und zwar genau an der Stelle, an der die heiligen Jungfrauen ihr Blut für Christus vergossen haben.

Tatsächlich aber fand man hier nicht nur Knochen von elf, sondern von 11.000 Menschen. An der Basilika soll ein römischer Friedhof gelegen haben. Die **Goldene Kammer** der Kirche gilt als die größte Reliquienkammer nördlich der Alpen. In kostbarer Pracht ruhen hier reale Überreste realer Menschen. Es sind Tausende Knochen und unendlich viele echte Schädel. Die Knochen bilden meterhohe Mosaike mit ornamentalen Mustern. Dazwischen ruhen die Büsten lächelnder Frauengesichter.

Die **Goldene Kammer** wird im Volksmund auch als Schreckenskammer bezeichnet. Wer auf den Schreck etwas Flüssiges braucht, kann das direkt nebenan im gleichnamigen Brauhaus tun. Es gibt Kölsch nach hauseigener Rezeptur.

29 HELAU

ODER: BERÜHMTE LETZTE WORTE IM KARNEVAL

Ulla hat ihren ersten Geburtstag in Köln, und es fühlt sich komisch an. Es ist kein runder Geburtstag und mitten in der Woche. Die Kölner*innen kennen da nichts, die Itzehoer schon. Ihre Mädels haben sich telefonisch, per Skype, Whatsapp und E-Mail gemeldet, ihre Eltern ein Paket mit Spezialitäten aus der Heimat geschickt: Wurst vom Metzger aus der Nachbarschaft, Apfelgelee von der Oma selbst gemacht und den St. Margarethener Damenlikör, natürlich in der richtigen hochprozentigen Version.

Heike, Willi, Marie und Stefan lassen, was Feiern angeht, nichts anbrennen. Punkt 20 Uhr stehen alle vor der Tür. Stefan hat ein paar Kleinigkeiten zum Schnabulieren vorbereitet und ein *Pittermännchen* kaltgestellt. Ulla ist völlig überrumpelt, aber da sie sich den Sitten und Gebräuchen ihrer vermutlich neuen Heimat anpassen will, wird jetzt gefeiert und der Damenlikör auch von den Herren geleert. Andere Städte, andere Sitten. Mit dem Feiern mitten in der Woche und zu allen möglichen Anlässen kann sich Ulla aber sicher gut anfreunden.

Damit ihr das auch mit der fünften Jahreszeit gelingt – Heike und Willi haben bemerkt, dass Ulla am 11.11. noch ein wenig mit dem kölschen Brauchtum fremdelte – haben sie sie zur großen Sitzung ihrer Karnevalsgesellschaft eingeladen. Gemeinsam werden sie alle ganz vorne in der Tischreihe sitzen.

Vorne in der ersten Reihe? Muss das sein? Aber Ulla will sich ja in die Bräuche der kölschen Kultur einleben. Das Geschenk ist also genau richtig.

AUFS THRÖNCHEN

Karnevalssitzungen sind Veranstaltungen, durch die sich die einzelnen Karnevalsgesellschaften finanzieren. Davon gibt es ab der **Prinzenproklamation** im Januar, auf der das **Dreigestirn** offiziell ernannt wird, bis Karnevalsdienstag jede Menge.

Geboten wird in der Regel eine bunte Mischung: Tanzgruppen der Korpsgesellschaften, wie den **Roten** und **Blauen Funken** ziehen in den Saal und zeigen ihre akrobatischen Tanzkünste, Büttenredner kommentieren die Lage der Stadt mit bissigem Spott, und die kölschen Musikgruppen bringen die Säle zum Brodeln. Das Highlight einer Karnevalssitzung ist aber natürlich der Einzug des Kölner Dreigestirns und die Ansprache des Prinzen an sein Narrenvolk.

Auf manchen Sitzungen gibt es einen Dresscode, auf anderen nicht. Auf sogenannten Gala- oder Prunksitzungen ist Abendgarderobe Pflicht, wer sich nicht so gerne verkleidet, sollte aber zumindest aus Höflichkeit ein lustiges Hütchen aufsetzen. Nicht jede Sitzung ist gleich. Es gibt Sitzungen für die jüngsten Karnevalisten, die Kindersitzungen. Die Damensitzungen sind logischerweise dem weiblichen Publikum vorbehalten, die Herrensitzungen den Männern und dem mehr oder weniger gepflegten Herrenwitz. Es gibt ***Buuresitzungen*** (Bauernsitzungen), bei denen man sich selbst Verpflegung mitbringen darf. Denn ein Sitzungsbesuch kann ein teurer Spaß werden. Im Saal wird nur Wein in Flaschen verkauft. Wer ein Kölsch trinken will, muss in der Stadt des Kölschs tatsächlich den Saal verlassen und verpasst damit den aktuellen Auftritt.

Die Alternative zum konventionellen Sitzungskarneval ist die **Stunksitzung**. Erfunden von einem Studentenkollektiv, hat sich die kabarettistische Veranstaltung zu einem festen Leuchtturm des Kölner Karnevals entwickelt. »Stunk machen« ist Kölsch und heißt so viel wie Ärger machen. Genau das war auch der Anspruch der Gründer und ist es bis heute. Themen, die im normalen Karneval zu kurz kommen, werden hier aufgegriffen, zum Beispiel die Bundeswehr, besonders gern auch die katholische Kirche und früher noch lieber Kardinal Meisner, aber auch die Rivalität zu Düsseldorf, der 1. FC Köln und die traditionellen Karnevalsinstitutionen, insbesondere das Kölner Dreigestirn und die Roten Funken.

Ein paarmal gab es wirklich Stunk. Denn die katholische Kirche kennt eher keinen Humor. Als auf der Bühne ein Kruzifix mit der Aufschrift »*Tünnes*« präsentiert wurde, hagelte es eine Anzeige, ebenso als Papst Benedikt XVI. und der damalige Kölner Kardinal Joachim Meisner als Schwulenpaar »Ratze und Meise« ins Bett stiegen. Beide Verfahren wurden eingestellt.

Inzwischen ist die Stunksitzung ein voller Erfolg. Pro Session besuchen etwa 55.000 Jecke die 50 Sitzungen. Um an Karten ranzukommen, wäre Klüngeln eine Option. Sonst ist es fast unmöglich.

Eine Woche später ist es so weit. Ulla und Stefan und seine Familie machen sich auf den Weg zur Sitzung. Auch Tobi, Maries Freund, ist dabei. Ulla hat sich, wie es sich für einen Gast gehört, besonders viel Mühe mit ihrem Kostüm gemacht. Sie geht als Heidi Klum und zieht die Aufmerksamkeit beim Betreten des Saals auf sich. Der Weg zum Tisch ist eigentlich gar nicht so lang, aber Willi und Heike kennen hier alle und werden von allen gegrüßt.

Willi lässt es sich nicht nehmen, die Freundin seines Sohnes, allen vorzustellen. Von norddeutscher Zurückhaltung hält man in Kölle nicht allzu viel. Obwohl Ulla dabei steht, wird sie hemmungslos taxiert und das Gesehene anerkennend kommentiert. Natürlich auf Kölsch und zwar unverfälscht, im Singsang vernuschelt, dass sie nichts versteht. Vielleicht auch besser so, denkt sie und lächelt freundlich in die Runde.

Eine halbe Stunde später sitzen sie endlich auf ihren Plätzen. Die Sicht auf die Bühne ist hervorragend, die erste Flasche Moselriesling mit fragwürdigem Preis-Leistungs-Verhältnis auf alle Gläser verteilt. Willi will mit seinen Gästen mit einem dreifachen »Kölle ...« anstoßen. Fünf Personen antworten »alaaf«, eine, und zwar Ulla, skandiert enthusiastisch »helau«. Die gesamte Tischnachbarschaft sieht sie fassungslos an. Um Gottes willen, was hat Ulla denn jetzt wieder falsch gemacht?

Leck mich en de Täsch, wat für 'n Malör

Das ist ganz einfach. Sie hat das böse Wort ausgesprochen – und das auch noch besonders laut. »Helau« sagt man in der verbotenen Stadt Düsseldorf. In Mainz und ein paar anderen für Kölner*innen unbedeutenden Karnevalsgegenden vielleicht auch noch. Aber niemals in Köln! Hier gibt sich der einheimische Karnevalist mit einem »Alaaf« zu erkennen. Abweichungen davon werden nicht akzeptiert. Schlimmer noch: Sie sind ein Sakrileg.

Schwaadschnüss

»Kölle alaaf« heißt so viel wie Köln über alles. Den Kölner*innen mangelt es nicht an Selbstbewusstsein, auch wenn es sich hier nur auf den Karneval bezieht.

Der Ausspruch »Kölle alaaf« soll erstmals im 16. Jahrhundert in einer Bittschrift des Fürsten Metternich verwendet worden sein. Damals noch in der zeitgemäßen Schreibweise »*Cöllen al aff*«. Mit Karneval in Verbindung gebracht und als Trinkspruch während der tollen Tage nachgewiesen wurde es seit 1733. Einmaliges Rufen reicht übrigens nicht, Kölle lässt man in der Regel dreimal hochleben. Bis vor etwa 20 Jahren hieß es: »Köllen alaaf!« Das »n« wurde hernach weggelassen.

Die Herkunft von »Helau« ist dagegen weitaus weniger klar. Die einen glauben, es sei eine Abwandlung von »Halleluja«, die anderen von »Hölle auf«, da an Karneval ja die bösen Geister vertrieben werden sollen. Eine andere Theorie besagt, dass »Helau« sich aus »hell auf« entwickelt hat, was so viel wie »aufgeweckt« bedeutet. Tatsache ist: In Köln wundert sich niemand, dass man in Düsseldorf nicht weiß, was sie ständig rufen.

30 WOANDERS NENNT MAN ES REVOLUTION

ABER IN KÖLN HEISST ES WEIBERFASTNACHT

Noch genau sechs Wochen bis Gründonnerstag. Eine Nachricht, die die Welt genauso viel interessiert wie der sprichwörtliche Sack Reis, der in China umfällt. Fast die gesamte Welt! In Köln und der ein oder anderen Stadt außerhalb elektrisiert sie sofort alle Einwohner. »Noch genau sechs Wochen bis Gründonnerstag« heißt, heute ist *Wieverfastelovend* oder übersetzt Weiberfastnacht. Heute beginnt der diesjährige Straßenkarneval!

Für Ulla ist klar: Sie feiert Karneval ganz oder gar nicht. Entweder stürzt sie sich ohne Rücksicht auf Verluste ins Getümmel, oder sie nimmt für die tollen Tage von Weiberfastnacht bis Aschermittwoch eine Auszeit und besucht ihre Eltern in Itzehoe. Aber alle Kölner*innen, die Ulla kennt, und das sind mittlerweile schon einige, haben insistiert, dass sie *Fastelovend* (Karneval) mitmachen muss, um die Seele Kölns wirklich kennenzulernen.

Und zwar ganz. Von Anfang bis Ende – und in voller Kostümierung. Ulla tut ihre Entscheidung im Kreis von Stefans Familie kund. Das ist das Startsignal für alle. Heike bietet sich an, mit ihr in der

Karnevalskiste nach einer schicken Verkleidung zu suchen. Marie lädt Ulla ein, zusammen auf Weiberfastnacht *»op Jück«* (unterwegs) zu sein, und Willi verspricht, ihr im *Veedels*-**Dienstagszug**, an dem er selbstverständlich teilnimmt, ordentlich *Kamelle* (Bonbons) und *Strüssjer* (Blumensträußchen) zuzuwerfen.

Mit Heike geht es erst mal runter in den Keller. Die Karnevalskiste ist ein kleiner fensterloser Raum, darin drei alte Kleiderschränke, eine Unmenge Umzugskisten und alles randvoll mit Karnevalskostümen der vergangenen Jahrzehnte. Jedes Kostüm wurde mit viel Liebe zum Detail geschneidert. Und zwar von Heike selbst. Niemals hätte sie zugelassen, dass ihr Stefan oder ihre Marie mit einem Kostüm von der Stange Karneval gefeiert hätten. Niemals. Ulla ist mehr als beeindruckt von den witzigen und zum Teil ausgefallenen Verkleidungen. Schon geht in ihrem Kopf eine Idee herum. Sie möchte die Karnevalskostüme auf ihrem Blog den Follower*innen präsentieren. Heike ist Feuer und Flamme, aber erst nach Karneval. Jetzt muss ein Kostüm für Ulla gefunden werden.

Tatsächlich werden die Stunden im Karnevalskeller auch eine Reise in die Vergangenheit von Stefan und seiner Familie. Heike hat nämlich sämtliche Verkleidungen aufbewahrt. Jedes Jahr gab es für jeden in der Familie ein neues Kostüm. Stefan war Gartenzwerg, Cowboy, Roboter, Mexikaner, Pirat und immer wieder in neuen Varianten ein Indianer. Aber als er dreizehn wurde, weigerte sich Stefan, weiterhin von seiner Mutter verkleidet zu werden.

Heike greift nach einem Schuhkarton. Darin sind Fotos von Stefan. Er blickt grimmig in die Kamera, trägt ein übergroßes weißes Männerhemd, auf dem mit buntem Edding geschrieben steht: »*PEACE*«, »*LEGALIZE*«, ein großes »A« für »Anarchie«. Heike seufzt: »Die Pubertät.«

Ulla entscheidet sich für das Kostüm Holländerin: blau-weiß gestreifter langer Rock, ein dazu passendes Oberteil mit aufwendig geklöppeltem Kragen, eine Perücke mit blonden Zöpfen, Holländerinnenhäubchen, Schürze und Holzklompen. Es steht Ulla ausnehmend gut.

Ein paar Tage später ist es so weit. *Wieverfastelovend.* Morgens, als sie von draußen das Lärmen, Singen und Lachen hört und dann vom Fenster aus die in allen Varianten verkleideten Menschen sieht, kommen ihr doch Zweifel, ob sie wirklich *»op Jück«* mit Marie und ihren Freundinnen gehen will. Stefans Schwester ist eine typische Kölnerin, herzlich, offen und direkt. Ulla ist die kühle Norddeutsche. Nicht dass sie keinen Spaß haben kann, aber sie braucht etwas Zeit, um sich zu akklimatisieren. Und jetzt soll sie von null auf hundert kommen? Stefan bemerkt Ullas Verzagtheit und verspricht ihr, sie sofort abzuholen, wenn ihr seine Schwester und Anhang auf die Nerven gehen. Ulla muss lachen. So gut kennt Stefan sie also schon. Und seine Worte wirken. Ulla fühlt sich schon viel besser.

Sie ist mit Marie bei Heike und Willi verabredet. So nach und nach trudeln auch Maries Freundinnen ein. Da ist Sophie, die als Wildkatze unterwegs ist. Ihr hautenger *Catsuit* offenbart mehr, als er verdeckt. Elisabeth geht als Nonne, die unter ihrem Habit Netzstrümpfe und Spitzenunterwäsche trägt. Und Marie überrascht Ulla als Polizistin in einer knallengen Stripperinnen-Uniform. Ulla fühlt sich in ihrer Holländerinnenkostümierung etwas *underdressed* und nimmt dankbar Maries Vorschlag auf, die unbequemen Holzclogs durch die allerdings nicht minder unbequemen Pumps auszutauschen.

ME TOO, NEIN DANKE

In den Anfängen der Weiberfastnacht im Mittelalter verkleideten sich die Frauen ganz und gar nicht sexy. Im Gegenteil. Sie maskierten sich als alte, hässliche Frauen. Vermutlich aus Sicherheitsgründen. Geändert hat sich das erst im 19. Jahrhundert.

Um 11.11 Uhr fällt der Startschuss. Im Haus stoßen die Frauen mit einem letzten Prosecco an, schwören sich, egal was heute passiert, es wird für immer ihr Geheimnis bleiben. Ulla ahnt Ungutes. Was um Himmels willen haben die Mädels denn vor? Aber natürlich stößt sie mit an. Und schon geht es los.

Auf dem Weg zum S-Bahnhof begegnen ihnen die unterschiedlichsten Verkleidungen. Die meisten Kostüme lassen klar erkennen, wer oder was dargestellt werden soll. Da laufen Kühe und Eisbären, aber auch Polizist*innen, Astronaut*innen, Ärzt*innen und ganze Gruppen in einheitlichen Kostümen. Andere scheinen Fantasiekostüme zu tragen. Und wieder andere sorgen mit Trommeln für einen Rhythmusteppich. In Kinderwagen wird statt Kindern Verpflegung, gern die Flüssige, transportiert. Das ist vorausschauend, denn die meisten Geschäfte haben geschlossen. Schließlich wollen alle feiern. Alle? Die meisten auf der Straße sind Frauen. Aber auch ein paar Männer hat es unter die *Wiever* verschlagen.

Mit der S-Bahn geht es zum Hauptbahnhof. Die gerade noch prall gefüllten Waggons leeren sich schlagartig. Heute kennen hier alle nur ein Ziel: **Alter Markt.** Es wird gesungen, getrommelt und getrunken. Die Stimmung in Ullas Truppe steigt. Ulla fühlt sich leicht und beschwingt.

Da bekommt sie mit, wie Marie auf der Domplatte auf einen wildfremden Mann zuläuft und mit einer Schere seine Krawatte abschneidet. Doch statt sauer zu sein, lacht der Mann nur und lässt sich von Marie *bützen* (küssen). Auch Maries Freundinnen *bützen* jetzt, was das Zeug hält. Da kommt ein verkleideter Jeck auf sie zu und streckt ihr einen Kussmund entgegen. Schlagartig ist Ulla nüchtern. Was bildet sich der Kerl ein? Schon holt sie mit der Hand aus, um ihm eine zu pfeffern, aber verfehlt ihn. Der Mann kann sich beim Prosecco bedanken. Doch der lacht nur und fragt »Frau Antje aus Holland«, damit ist Ulla gemeint, ob sie nicht ein bisschen Käse für ihn habe? Ulla vermutet sofort etwas Schlüpfriges und will sauer kontern, da wird sie von Marie und ihren Freundinnen untergehakt. Schunkelnd bewegen sie sich auf den Alter Markt zu.

Marie kündigt an, dass sie jetzt das Kölner Rathaus stürmen werden. Doch hoffentlich nur ein Scherz. Oder der Alkohol, der Marie zu Kopf steigt?

Leck mich en de Täsch, wat für 'n Malör

Tatsächlich ist an **Weiberfastnacht** einiges anders als sonst. Für einen Tag übernehmen die Frauen die Macht in der Stadt. Um das zu demonstrieren, stürmen sie das Rathaus und erhalten den Stadtschlüssel. Es geschieht nicht spontan aus einer anarchischen Laune heraus, sondern gehört zur Tradition. Ulla kann ganz beruhigt sein. Maries Vorhaben gehört zum *Wieverfastelovend* dazu. Die Polizei ist zwar anwesend, aber verhaftet wird bei der Rathausstürmung niemand.

Mit den anderen Geschehnissen des Tages verhält es sich ganz ähnlich. Auch sie sind typisch für Weiberfastnacht. Krawatten abschneiden ist Tradition. Denn mit der Krawatte beschneidet man symbolisch die Macht des Mannes. Die Metaphorik mag da auch gerne weiter gehen. Um den Mann für seinen Verlust zu entschädigen, bekommt er als Ausgleich ein *Bützje* (Küsschen).

Schwaadschnüss

Die Tradition der Weiberfastnacht soll bis tief ins Mittelalter zurückgehen. Damals wurde in den Klöstern Kölns am Donnerstag vor Karneval die **Pfaffenfastnacht** gefeiert. In den Nonnenklöstern ging es an dem Tag angeblich besonders hoch her. Gerade die Ordensschwestern des Benediktinerklosters **St. Mauritius** taten sich den Legenden zufolge besonders hervor. Sie sollen die ersten gewesen sein, die sich verkleidet haben. Bei ihren Feierlichkeiten zur Pfaffenfastnacht floss außerdem viel Alkohol. Es wurde getanzt und gesungen.

Als die französischen Truppen 1794 nach den Koalitionskriegen in Köln einzogen, verschwand die Pfaffenfastnacht. Alle Klöster wurden nämlich aufgelöst. Trotzdem verweigerten die Ehefrauen weiterhin ihren Männern an diesem einen Tag den Gehorsam. Und damit begann die Tradition.

Gefeiert wurde *Wieverfastelovend* auch in der Öffentlichkeit. Besonders von den Marktfrauen auf dem **Alter Markt**, weshalb sich auch heute noch die Frauen hier an Weiberfastnacht treffen. Damals rissen sie sich gegenseitig die Mützen und Hüte vom Kopf. Das sogenannte *Mötzebestot* spielte auf das Sprichwort »unter die Haube bringen« an. Der Brauch hielt bis etwa 1890.

Heute ist im gesamten Rheinland Weiberfastnacht ein inoffizieller Feiertag. An den meisten Arbeitsplätzen wird ab mittags nicht mehr gearbeitet. Die Feiern beginnen pünktlich um 11.11 Uhr, wenn auf dem **Heumarkt** und dem angrenzenden **Alter Markt** das Kölner **Dreigestirn** offiziell den Straßenkarneval eröffnet. Ein zweiter Höhepunkt findet um 13.30 Uhr statt. Dann wird am **Severinstor** in der Südstadt das historische Karnevalsspiel *Jan un Griet* aufgeführt. Im Unterschied zum Rosenmontag und den anderen Tagen gibt es an Weiberfastnacht aber keine Umzüge. Zehntausende Jecke feiern stattdessen kostümiert in den Kneipen und auf den Straßen.

Weiberfastnacht ist nicht nur der Tag, an dem die Frauen regieren – es ist auch der Tag, an dem die Männer besonders auf der Hut sein sollten. Wer arglos den Frauen in die Hände fällt, läuft Gefahr, seiner Männlichkeit beraubt zu werden. Der Brauch des Krawattenabschneidens soll übrigens erst kurz nach 1945 Verbreitung gefunden haben, inzwischen nimmt er wieder ab. Vermutlich auch, weil Männer kaum noch Krawatten tragen – außer sie *wollen* sie sich an Weiberfastnacht abschneiden lassen.

31 KLEINE SÜNDEN BESTRAFT DER LIEBE GOTT SOFORT

UND FÜR DIE GROSSEN IST DER NUBBEL DA

Veilchendienstag. Ulla hat Wort gehalten. Sie hat von Anfang bis zum bitteren Ende Karneval gefeiert und nichts ausgelassen. Auch wenn es zeitweise sehr hart war.

Ihre Feuertaufe bestand sie Weiberfastnacht. Da hat sie gesehen, wie Köln an den *jecken* Tagen tickt: Völliger Ausnahmezustand! Die ohnehin kommunikativen Kölner*innen legen noch eine Schippe drauf. Jeder duzt jeden. Alle kommen sich näher, ob sie wollen oder nicht. Die Kneipen machen einen großen Teil ihres Jahresumsatzes während dieser Tage, die Apotheken verkaufen so viel Aspirin wie nie im Jahr. Auch wenn es darüber keine seriöse Statistik gibt, kann man sich sicher sein: Gleiches gilt für den Absatz von Kondomen.

Fünf Tage war Ulla unterwegs, nie allein. Immer mit *Famillich* (Familie), mal mit Marie, mal mit Stefan. Sie hat sich an den karnevalistischen Hotspots in der Kölner Südstadt aufgehalten, stundenlang mit unzähligen Jecken vor Kneipen angestanden, um kurz vor dem Aufgeben dann doch noch Einlass zu finden. Es war fast so wie bei Wohnungsbesichtigungen, nur dass hier das Anstehen Spaß machte. Mit Kölsch in der Hand, schunkelnd und singend. Wenn sich die Kneipentür öffnete und eine Handvoll Karnvalsjecken auf die Straße schwappte, setzte ein paar Minuten lang das große Schieben und Drängen ein, bis die Türsteher die Portale in die Stätten des Frohsinns wieder schlossen.

Ulla hat die größten Karnevalshits gelernt und kann sie fast fehlerfrei mitsingen, hat das Schunkeln lieben gelernt und weiß, was ein *Fisternöllchen* ist. Das hat Stefans verheiratete Schwester Marie mit dem Mann ihrer besten Freundin Sophie: eine kleine Affäre.

Nach *Wieverfastelovend* zog Ulla am nächsten Tag mit Stefan und seiner Clique durch die Kneipen in ihrem *Veedel*. Sie hat die um Karneval äußerst beliebten *Mutzemandeln* schätzen gelernt. Das ist in Fett ausgebackenes Mürbeteiggebäck. Genauso wie die Reibekuchen, Krapfen und Berliner, die je nach Gegend auch *Kräppel* in Hessen, *Küchli* in Schwaben und *Pfannkuchen* in Berlin heißen, sind die *Mutzemandeln* mit ihrem Fett eine prima Grundlage, wenn man das eine oder andere Kölsch zu viel intus hat.

Samstag waren sie bei einer Straßensitzung: Büttenredner, Tanzcorps und Bands. Alle traten unter freiem Himmel auf. Kein Eintritt. Viele Kinder, ein bunt gemischtes Publikum. Straßenfeststimmung im Winter. Stefan hat sich bei der Sitzung mit seinen Kickern vom 1. FC Luschenpack getroffen. Danach ging es für die Luschen zum Spiel. Sie verloren 9:1, warum wohl?

Am Sonntag bot Stefan Ulla etwas ganz Besonderes. Gemeinsam mit Heike, Stefan, Marie und ihrem Mann Tobi ging es mitten ins Bergische Land. Im Heimatdorf von Heikes Eltern erlebte Ulla einen besonderen Karnevalsumzug: den der Bauern. Tatsächlich war es Ullas erster Karnevalszug überhaupt, und der war deutlich anders, als sie es erwartet hatte: Statt *Kamelle* und *Strüßjer* warfen die Bauern Äpfel und Birnen. Statt großer Festwagen kurvten Traktoren mit Anhängern über die Straßen, statt bunter Kostüme beherrschten strenge Uniformen wie die der Schützenbruderschaften das Bild. Als von einem Wagen eingeschweißte Fleischwurststücke geworfen wurden und Ulla zwei Stück fing, grinste sie glücklich. Sie fühlte sich angekommen und verputzte voller Appetit die deftige Wurst.

Doch der Höhepunkt kam erst noch. Montag war Rosenmontag und das große Ereignis des Straßenkarnevals. Jeder Jeck hatte sich in Köln an der Zugstrecke ein Plätzchen gesucht. So auch Ulla und Stefan. Er wollte ihr die Geheimnisse des Rosenmontagszugs nahebringen.

KÖLSCHER UNGEHORSAM

Der Rosenmontagszug in Köln ist nicht nur der größte Karnevalsumzug in Deutschland, sondern auch der älteste. Unter der französischen Besatzung meldete sich ab 1798 im Kölner Bürgertum das etwas trotzige Verlangen, der fremden Lebensart etwas entgegenzusetzen. Ein Komitee zur Pflege des karnevalistischen Brauchtums wurde gegründet. Aber erst 1823, inzwischen war Köln nach dem Wiener Kongress 1815 Preußen zugeschlagen worden, fand der erste Umzug statt. Ganze 15 Gruppen zogen um den Neumarkt. Darunter aber bereits die **Roten Funken** mit elf Teilnehmern.

Ihre Uniformen erinnerten an die Zeit, als Köln noch eine freie Reichsstadt war. Eine Zeit, die von den Kölner*innen während der Besatzungszeit durch die Franzosen bzw. durch die Preußen verklärt wurde. Gleichzeitig persiflierten die Roten Funken die Preußen. Zwar traten sie immer mit betont militärischem Drill auf, die Befehle wurden gebrüllt, man stand still und präsentierte die Waffen. Andererseits tanzten sie ihren berühmten *Stippeföttchen-Danz*.

Dabei stehen zwei Funken Rücken an Rücken und reiben ihr Hinterteil neckisch aneinander. Traditionell wird dazu der Marsch der Roten Funken gespielt und die Textzeile gesungen: *»Ritsch, ratsch – de Botz kapott, de Botz kapott, de Botz kapott«* (Ritsch, ratsch – die Hose kaputt, die Hose kaputt, die Hose kaputt).

Stippeföttchen sind frei übersetzt »herausgestellte Hinterteile«. *Stippe*, eigentlich *erusstippe*, heißt »herausstehen«, und *Föttche* entspricht dem Kosewort Popöchen für »Hintern«. Der Akt des Hinternaneinanderreibens nennt man *op kölsch »wibbeln«*. Inzwischen ist der *Danz* (Tanz) ein Ritual geworden, das nicht nur von den Roten Funken gepflegt wird, sondern von allen Garden, wie den Blauen Funken, der Ehren- oder der Prinzengarde.

Die **Kölsche Funke rut-wieß von 1823 e. V.** treten noch heute in den gleichen Kostümen wie in ihren Anfangsjahren auf. Sie gehören zu den regelmäßigen Teilnehmern am Rosenmontagszug und stellen dabei eine der größten Gruppen mit Festwagen, Reitercorps, Kapellen und Fußtruppen. Ihr Tanzcorps mit Tanzmariechen begeistert bei den Sitzungen der Karnevalssession. Die Roten Funken zählen neben den **Hellige Knäächte un Mägde**, den Heiligen Mädchen und Knechten, zu den ältesten Karnevalsvereinen Kölns.

Heute hat der Kölner Rosenmontagszug mit seinen Festwagen, Kutschen, Reiter- und Fußgruppen, den Kapellen und den Tanzcorps eine Länge von etwa acht Kilometern. Insgesamt wirken an die 10.000 Jecken mit. Der Zugweg ist über sieben Kilometer lang und führt aus dem Süden der Altstadt, das sind die Gebiete innerhalb der alten Stadtmauer, von der Severinsstraße durch die Innenstadt, die Fußgängerzone, über die Ringe, am WDR vorbei in den Norden der Altstadt. Mehr als eine Million Zuschauer stehen jedes Jahr an den Straßenrändern und sammeln mehr als 300 Tonnen Wurfmaterial. Das sind *Kamelle, Strüßje*, Schokolade, aber auch Werbeartikel.

Nach dem Rosenmontag ist aber längst noch nicht alles vorbei, das ist es erst am Aschermittwoch. Aber Ulla hat bereits größte Mühe, am Veilchendienstag aus den Federn zu kommen. Wenn ihre Mädels in Itzehoe das wüssten. Wenn sie zusammen feiern gingen, war Ulla diejenige, die nie aufhören wollte. Sie genießt es einfach: ausgehen, tanzen und Spaß haben.

Aber der kölsche Marathon an den tollen Tagen hat sie eindeutig an ihre Grenzen gebracht. Stefan hatte es ihr prophezeit. Sie hatte ihn ausgelacht und will sich jetzt natürlich keine Blöße geben. Also bemüht sie alle Tricks, die ihr einfallen, um wach zu werden: Kaffee in sich reinschütten, frisch gepresster Grapefruitsaft, Kniebeugen, doch erst zehn Minuten unter der eiskalten Dusche wirken. Zumindest für den Moment. Halbwegs fit geht es mit Stefan nach Köln-Dellbrück. Wegen auch seines Restalkohols selbstverständlich mit der S-Bahn.

In Dellbrück, der Heimat von Heike und Willi, erwartet sie heute einer der größten *Veedels*-Züge der Stadt. Das Besondere: Willi geht mit! Seine Karnevalsgesellschaft stellt fast ein Drittel des Umzugs. Für alle ein Heimspiel. Seine Karnevalsgesellschaft ist im *Veedel* zu Hause. Das wird ein Spektakel. Stefans Familie lebt schon seit Generationen hier und kennt scheinbar alle Zugteilnehmer*innen.

Beim Umzug ruft Heike die Leute beim Namen und wird direkt mit einem Schwall *Kamelle* und *Strüßjer* belohnt. Der Dienstagszug ist zwar kleiner und familiärer als der Rosenmontagszug, aber nicht weniger beeindruckend.

Dann erreichen Willi und seine Fußtruppe die Straßenecke, an der seine Sippschaft steht. Willi winkt Ulla wild zu und brüllt voller Stolz zu seinen Mitkarnevalisten: *»Do vürre, dat es ming Schwigerdoochter«* (Da vorne, das ist meine Schwiegertochter).

Ulla weiß gar nicht, wie ihr geschieht, denn die *»janze Bagage«* (die ganze Gruppe) stürmt auf sie zu, überhäuft sie mit *Kamelle*, *Strüßjer* und anderem Krimskrams. Dann kommt das *»Bützen«* (Küssen). *»Bützje«* (Küsschen) für Ulla, Heike und Marie. Stefan bekommt anerkennendes Schulterklopfen: »*Joot jemaaht, Jung!*« (Gut gemacht, Junge!)

Der ganze Wirbel, das Trara und die Fröhlichkeit haben Ulla wach gehalten. Doch jetzt überfällt sie die Müdigkeit auf einen Schlag. Heike erkennt das sofort, hakt Ulla unter und bringt sie nach Hause, also in Stefans Elternhaus. Ulla schläft sofort auf dem Sofa ein.

Als sie vom Klingeln ihres Handys erwacht, ist es dunkel. Noch im Halbschlaf nimmt sie Stefans Anruf an und hört erst mal nichts außer Karnevalsgeräusche. Gesang, Stimmen, Trubel. Dazwischen vernimmt sie Stefan, der möchte, dass sie sich gleich treffen.

»Ja, ja«, murmelt sie schlaftrunken.

»Ich bin beim Nubbel«, schreit er über die Geräuschkulisse hinweg ins Handy. »Hast du verstanden, Ulla? Beim Nubbel!«

»Ja«, sagt sie. Auch wenn sie nicht wirklich verstanden hat. Ein stechender Kopfschmerz vernebelt ihre Sinne. Sie braucht dringend die Karnevalswunderwaffe.

Zwei Aspirin und einen halben Liter Wasser später fühlt sich Ulla beinahe wieder frisch und will zu Stefan. Zum Nubbel. Nubbel? Wer war das gleich noch mal? Sie rekapituliert Stefans Kumpels. Ekki, Omma, Öppi, aber Nubbel? Hat ihr Stefan den während der letzten Tage vorgestellt, und hat der sie beide heute eingeladen? Gut möglich, um nicht zu sagen, sogar sehr wahrscheinlich. Aber Heike wird sicher wissen, wohin sie muss:

»*Dä es do hinge um de Eck*« (Der ist da hinten um die Ecke).

Okay, nicht weit. Ulla macht sich direkt auf den Weg.

Wo vor ein paar Stunden noch Jubel, Trubel und Karneval war, hängt jetzt eine melancholische Stille über der Straße. Es ist auch fast Mitternacht. Die meisten liegen wohl bereits im Bett, denn morgen sind ja die tollen Tage vorbei, und vermutlich müssen die meisten, so wie auch Stefan, wieder zur Arbeit.

Da hört Ulla, kurz bevor sie die Straßenecke erreicht, an der der Nubbel wohnen soll, eine laute Männerstimme, die brüllt: »*Wer hät*

Schuld, dat mer unser janzes Geld versoffe han?« (Wer hat Schuld, dass wir unser ganzes Geld versoffen haben?«)

Und direkt darauf antwortet eine johlende Menge: *»Dat wor dä Nubbel!«* (Das war der Nubbel!)

Erschrocken eilt Ulla los und sieht ein unheimliches Bild. Mindestens 100 Jecken in Kostümen stehen auf der Straße vor einer Kneipe. Einige tragen angezündete Pechfackeln in der Hand, andere trommeln wilde Rhythmen auf ihren Percussion-Instrumenten. Nach der Kleidung zu urteilen, skandiert ein Geistlicher vor der Menge in sein Megafon: *»Wer hät Schuld, dat mer fremdjejange sin?«* (Wer hat Schuld, dass wir fremdgegangen sind?)

Die Menge antwortet: *»Dat wor dä Nubbel! Dä Nubbel hät Schuld!«* (Das war der Nubbel! Der Nubbel hat Schuld!)

Um Gottes willen, wo ist Ulla denn hineingeraten? Was ist aus der fröhlichen Karnevalsgemeinschaft geworden, mit der sie gefeiert hat? Was hat Stefans Kumpel Nubbel angestellt? Und wo ist Stefan überhaupt?

Da brüllt der Geistliche ins Megafon: *»Un wat maache mer jetz mit däm Nubbel?«* (Was machen wir jetzt mit dem Nubbel?)

Die Horde antwortet: *»Hä soll brenne!«* (Er soll brennen!)

Der Geistliche entfacht eine Pechfackel und hält sie hoch.

Nach oben hat Ulla noch gar nicht geschaut. Sie erschrickt. An einem Gitter oberhalb der Kneipe hängt eine gefesselte Gestalt. Veranstalten die irgendeinen verschrobenen kultischen Brauch? Mit Stefans Kumpel Nubbel als Opfer? Da fängt die Gestalt auch schon Feuer.

Ulla reagiert reflexhaft und brüllt: »Hey! Aufhören! Spinnt ihr?! Holt den Nubbel da runter!«

Leck mich en de Täsch, wat für 'n Malör

Oh, oh. Da ist Ulla mal wieder voll in ein Fettnäpfchen getappt. Der Nubbel ist nicht Stefans Kumpel, er ist kein Mensch, und es findet auch keine Lynchjustiz statt.

Der Nubbel ist eine lebensgroße Strohpuppe. Mit ihr werden am Veilchendienstag um Mitternacht die Sünden, die die Jecken an den vergangenen tollen Tagen begangen haben, symbolisch verbrannt. Eine bequeme Tradition. Damit sorgen die Kölner*innen für einen sündenfreien Beginn der Fastenzeit.

Schwaadschnüss

Der Begriff Nubbel war schon im 18. Jahrhundert in der kölschen Umgangssprache geläufig. Er fand immer dann Verwendung, wenn man nur vage oder diffuse Aussagen machen konnte oder wollte. Wurde ein Kind gefragt, wer denn verbotenerweise vom Kuchen genascht habe, antwortete es meist mit den Krümeln noch am Mund, dass es der Nubbel gewesen sein muss. Hatte man ein Kleidungsstück verlegt und fand es nicht, dann lag es wohl beim Nubbel. Schuld war also schon damals immer der Nubbel. Den Brauch, ihn für die Sünden der Jecken während der tollen Tage verantwortlich zu machen und ihn zu verbrennen, gibt es seit Beginn des 19. Jahrhunderts.

Aber schon zuvor verbrannte man in Köln zum Ausklang eines Jahrmarkts den Zacheies. Das ist die kölsche Form des hebräischen Zachäus, einer Figur aus dem Neuen Testament. Zachäus ist als Zöllner der römischen Besatzungsmacht bei seinen Landsleuten als Verräter und damit Sünder verachtet. Aus dem Zacheies machten die Kölner*innen den Nubbel. Die Methode, sich von den Sünden frei zu machen, aber blieb die Gleiche.

Zwischenzeitlich geriet die Tradition etwas in Vergessenheit. Erst 1950 wurde sie wiederbelebt, als der Besitzer einer Wirtschaft nach wüsten öffentlichen Anschuldigungen eine Strohpuppe verbrannte.

Auf Touris und Immis wirkt dieses Ritual sicher befremdlich. Die Menschenmassen, die Fackeln, die Anschuldigungen, als geschehe hier Lynchjustiz. Die Kölner*innen dagegen sehen die Veranstaltung mit einem Augenzwinkern und freuen sich, den Abschluss des Karnevals gemeinsam mit anderen Jecken für dieses Jahr zu beenden.

32 SCHWARZES LOCH ENTDECKT

ES LIEGT NÖRDLICH VON KÖLN

Ulla wacht auf, der Platz im Bett neben ihr: leer. Stefan ist, obwohl Kölner, was das morgendliche Aufstehen angeht, durch und durch Preuße. Klingelt der Wecker, steht er parat. Ganz egal, wie lange der Abend vorher geworden ist. Ganz egal, wie er geschlafen hat. Ganz egal, was der neue Tag zu bringen verspricht. Ulla ist anders. Und so muss sie auch heute mit Schrecken feststellen, dass sie viel zu spät dran ist.

Es ist 9.27 Uhr. Sie hat um 11 Uhr einen Termin, und das auch noch in Düsseldorf. Gute 40 Kilometer von Köln entfernt. Der Termin ist wichtig. Der Geschäftsführer einer Onlineagentur hat sie zu einem Gespräch *face-to-face* eingeladen. Läuft das gut, würde sie regelmäßig Aufträge bekommen.

Blöder Handywecker! Von wegen. Blöde Ulla. Der Handywecker hat sich sehr wohl gemeldet, immer wieder, um genau zu sein. Aber die Schlummerfunktion lässt sich so leicht aktivieren und wieder aktivieren.

Ulla springt aus dem Bett und spult ihr Notfallprogramm ab: Geduscht und gestylt in 15 Minuten. Darüber hat sie in ihrem Blog berichtet. War ein großer Erfolg. Okay, in Wirklichkeit braucht sie 22 Minuten, aber noch könnte sie halbwegs pünktlich ankommen. 40 Kilometer. Wenn sie ein bisschen Gas gibt, braucht sie im

Auto eine halbe Stunde, vielleicht ein wenig mehr. Aber wo sind die Autoschlüssel? Auf dem Tisch nicht, im Flur nicht. Wo hat Stefan sie nur hingelegt? Am besten ihn direkt fragen.

Ulla erreicht Stefan im Büro und erfährt die nächste Hiobsbotschaft: Das Auto ist in der Werkstatt. Der TÜV war schon lange abgelaufen. Schock. Ulla beendet das Telefonat zügig. Die Zeit drängt, sie braucht eine schnelle Lösung. Das kann sie besser allein. Ihre Freundin Maike hat ein Auto, vielleicht braucht sie es heute nicht.

Ulla hat Glück, sie kann Maikes Auto haben. Es steht im Stadtteil **Raderberg** auf einem Parkplatz. Ulla guckt auf die Uhr. 10.15 Uhr. Hilft nichts. Schnell aus der Wohnung, Taxi genommen und auf nach Raderberg. 10.35 Uhr – Ulla steigt in Maikes Kleinwagen. Schnell noch bei der Online-Agentur anrufen, sich für die wahrscheinliche Verspätung entschuldigen, weil, Notlüge, man im Stau stehe, und bemerken, dass der Handy-Akku seinen Geist aufgegeben hat. Mist.

Noch größerer Mist, dass Maikes kleines Auto putzige Aufkleber am Armaturenbrett und Hundehaare im ganzen Innenraum hat, dafür kein Navigationsgerät. Wie soll Ulla nach Düsseldorf in die Agentur kommen? Ohne Navigationsgerät, ohne Handy. Dunkel erinnert sie sich an die Wegbeschreibung, die ihr die Assistentin der Geschäftsführerin am Telefon gegeben hatte. Einfach über die Autobahn nach Düsseldorf. Ab da ist der Medienhafen ausgeschildert. Also ruhig Blut, redet Ulla sich sanft zu. Das ist zu schaffen.

Sie startet. Im Stadtteil **Klettenberg** geht es auf die A 4 Richtung Westen. Irgendwann wird es sicher ein Hinweisschild Richtung Düsseldorf geben.

RUND UM KÖLN

Ganz Köln wird von einem Autobahnring umkreist, dem sogenannten **Kölner Ring**. Fast 52 Kilometer lang besteht er aus den

Abschnitten der Autobahnen A 3 im Osten, der A 1 im Norden und Westen und im Süden der A 4. Der Ring sorgt dafür, dass der Durchgangsverkehr die Kölner Innenstadt weitgehend meiden und man fast von überall in der Stadt auf die Autobahn in alle Fahrtrichtungen gelangen kann. So weit die Theorie.

Der Bau des Kölner Rings begann ironischerweise im ungeliebten Leverkusen. 1936 wurde als Erstes der Abschnitt zwischen Leverkusen und Köln-Mülheim als Teil der Autobahn Oberhausen–Wiesbaden fertiggestellt. Weiter ging es dann im Uhrzeigersinn. 1961 begannen im Kölner Norden die Bauarbeiten an der zweiten Autobahnbrücke über den Rhein, der heutigen Leverkusener Brücke. Der Kreis um Köln wurde geschlossen. Seit 1965 kann der Kölner Ring in seiner gesamten Länge genutzt werden.

Mehrere Autobahnkreuze und -dreiecke verbinden ihn mit weiteren Autobahnen. Die A 3 führt nördlich Richtung Oberhausen und im Süden nach Frankfurt, die A 4 im Osten nach Olpe und im Westen nach Aachen, die A 1 nach Dortmund und Koblenz. Darüber hinaus kreuzt der Kölner Ring die Autobahnen A 559 Richtung Porz am Kreuz Köln-Gremberg und die älteste deutsche Autobahn, die A 555, in Richtung Bonn am Autobahnkreuz Köln-Süd, sowie die A 57 Richtung Krefeld am Autobahnkreuz Köln-Nord.

Kein Wunder, dass der Kölner Ring bestens frequentiert wird, man kann auch guten Gewissens sagen, überfüllt ist. Täglich fahren über 360.000 Kraftfahrzeuge darüber. 15 Prozent davon sind Lastkraftwagen. Es gibt durchschnittlich 28 Verkehrsunfälle am Tag, mal schlimmer, mal weniger schlimm.

Ulla fährt über die A 4, passiert das Kreuz Köln-West und wechselt auf die A 1. Aachen ist die falsche Richtung, da ist sie sich ganz sicher. Köln-Lövenich, hier stockt der Verkehr. Ausfahrt Köln-Bocklemünd. Ulla ist schon 25 Minuten auf dem Kölner Ring, und noch immer nicht der klitzekleinste Hinweis auf die Stadt Düsseldorf. Im Rheinland hat man Geduld, das weiß Ulla mittlerweile.

Sie kommt zum Kreuz Köln-Nord. Ein Wegweiser nach Düsseldorf? Nichts! Nada! Es scheint, als existiere die Stadt überhaupt nicht. Vor der Ausfahrt Köln-Niehl staut die Autokarawane. Wie eigentlich immer. Ulla schafft es gerade noch, bei der Ausfahrt Köln-Niehl rauszufahren, bevor auf der Autobahn gar nichts mehr geht.

Fix und fertig mit den Nerven stoppt Ulla bei der erstbesten Parklücke. Den Termin bei der Online-Agentur hat sie versemmelt.

Leck mich en de Täsch, wat für 'n Malör

Das kann man wohl sagen. Aber was genau hat Ulla falsch gemacht? Zu glauben, die Fahrt nach Düsseldorf wäre ein Katzensprung, ist bereits sehr naiv. Für die 40 Kilometer eine halbe Stunde Fahrzeit zu berechnen erst recht. Bei so einer Tour auf die Verkehrsschilder in Köln zu vertrauen geradezu unverantwortlich.

Der schlimmste Fehler überhaupt ist allerdings, überhaupt nach Düsseldorf fahren zu wollen. Warum macht man das? Echte Kölner*innen kämen nie auf die Idee. Und deshalb gibt es natürlich auf dem Kölner Autobahnring innerhalb des Kölner Stadtgebiets keinerlei Hinweis Richtung Düsseldorf.

Der ehemalige Oberbürgermeister der Stadt, Fritz Schramma, wurde auf die fehlenden Schilder angesprochen und konnte guten Gewissens behaupten, dass die Kölner*innen sie nicht vermissen würden, weil ohnehin niemand nach Düsseldorf fahre. Für ihn und für eigentlich alle Kölner*innen ist Düsseldorf: die verbotene Stadt.

Düsseldorf liegt in der Nachbarschaft von Neuss. Nur der Rhein trennt die beiden Städte. Gegen Neuss haben die Kölner*innen nichts. Der Weg in die Stadt ist ausgeschildert. Wer wider besseres Wissen also doch nach Düsseldorf möchte, nimmt ab Köln-Ehrenfeld oder ab Kreuz Köln-Nord die A 57 Richtung Krefeld. Neuss steht da bereits auf dem Hinweisschild. Von Neuss muss man nur noch den Rhein überqueren, und man gelangt in die verbotene Stadt.

Schwaadschnüss

Aber woher kommt die Rivalität zwischen den beiden größten Städten am Rhein? Die herrscht nicht nur auf dem Kölner Autobahnring mit den fehlenden Hinweisschildern Richtung Düsseldorf. Auch im Sport sind die Kölner Haie und die DEG Metrostars Düsseldorf erbitterte Gegner. Allein bei dem Namen Metrostars müssen die Kölner*innen schallend lachen. Wie kann ein Dorf wie Düssel-Dorf eine Metropole sein? Weiter geht es beim Fußball: der 1. FC Köln gegen Fortuna Düsseldorf, wenn die beiden mal in einer Liga spielen. In Köln trinkt man Kölsch, in Düsseldorf Alt. Niemals würde man den Gerstensaft des jeweils anderen auch nur anrühren. In beiden Karnevalshochburgen gibt es fast einen Religionskrieg, ob es »alaaf« oder »helau« heißt.

Kölner*innen nach dem Grund des Städtekonflikts zu fragen führt in der Regel nicht weit. Für sie ist Düsseldorf zu unbedeutend, um darüber zu sprechen. Fragt man die Düsseldorfer*innen, hört man, dass die Kölner*innen einfach nur beleidigt seien, weil nicht ihre Stadt sondern Düsseldorf Hauptstadt und Regierungssitz des Landes NRW geworden ist.

Aber was ist die tatsächliche Ursache der Rivalität? Nach einer weit verbreiteten Legende soll sie auf die Schlacht von Worringen im Jahr 1288 zurückzuführen sein. Der Erzbischof von Köln verlor gegen Herzog Johann I. von Brabant und durfte die Stadt nur noch zu kirchlichen Anlässen betreten. Seine politische Macht hatte er ebenso verloren. Auf der Seite des Brabanter Herzogs hatte damals auch eine Handvoll Düsseldorfer gekämpft. Zum Dank wurde das kleine, im Mündungsgebiet der Düssel gelegene Dorf mit seinen nicht einmal 400 Einwohnern mit den Stadtrechten belohnt. Das mag den Kölner*innen nicht gefallen und die Sympathiewerte des nördlichen Nachbarn auch nicht gesteigert haben, aber der Grund für ihre Rivalität war es sicherlich nicht. Denn auch die Kölner*innen kämpften gegen ihren Erzbischof, der in der Stadt nicht sehr wohlgelitten war.

In den nächsten Jahrhunderten gab es viele Scharmützel. Köln wurde nach der Überführung der Gebeine der Heiligen Drei Könige 1164 und mit dem Beginn des Dombaus 1248 bedeutende Pilgerstadt. Besucher*innen aus der gesamten christlichen Welt kamen in die Stadt und ließen viel Geld hier. Die Einnahmen sprudelten erst recht, als die Stadt 1248 das Stapelrecht verliehen bekam. Jedes Schiff musste seine Ladung in Köln löschen, bevor es weiterfuhren durfte. Die Lagergebühren brachten hohe Einnahmen in die städtische Kasse. Gleichzeitig sorgte es für große Antipathie, die den Kölner*innen entgegenschwappte.

Düsseldorf hinkte damals weit hinter Köln her. Doch man tat alles, um aufzuholen, und orientierte sich dabei an der verhassten Nachbarstadt. Reliquien wurden besorgt, Kirchen gebaut, der Rheinzoll erhoben. Doch nichts wollte so recht funktionieren. Wer kennt Düsseldorfer Reliquien? Zum Beispiel den Suitbertusschrein? Wer kennt Alt-St. Martin, die älteste Kirche von Düsseldorf? Niemand.

Vermutlich begann der Städtestreit in der Zeit der Industrialisierung. Sowohl Düsseldorf als auch Köln profitierten von der technischen Entwicklung. Düsseldorf wurde der »Schreibtisch des Ruhrgebiets«. Viele Firmen der Montanindustrie hatten hier ihren Verwaltungssitz. In Köln ließen sich Banken und Versicherungen nieder.

In den 1920er Jahren wurde die Städte-Feindschaft von der persönlichen Fehde ihrer Oberbürgermeister befeuert: In Köln regierte Konrad Adenauer mit der Partei Zentrum von 1917 bis 1933, in Düsseldorf Robert Lehr mit der Partei DNVP von 1924 bis 1933. Durch die »Machtergreifung« der Nationalsozialisten verloren beide ihre Ämter.

Nach dem Zweiten Weltkrieg ging der Wiederaufbau des neu gegründeten Bundeslandes Nordrhein-Westfalen los. Der Konflikt der Städte ging in die nächste Runde. Brauchte man einen oder zwei Flughäfen? Wo siedelte man die Landesbehörden an? Und welche Stadt wird Landeshauptstadt? Da die Düsseldorfer Innenstadt im Krieg nur zu 40 Prozent zerstört wurde, die Kölner aber zu 90 Prozent, entschied man sich wegen der nicht zerstörten, noch immer höchst repräsentativen Gebäude für Düsseldorf. Da gab es viel böses Blut, und gewiss bekam das kölsche Selbstbewusstsein einen gehörigen Knacks.

33 BESCHEIDENHEIT IST EINE ZIER

DOCH IN KÖLN LEBT MAN BESSER OHNE IHR

Auch Ullas Selbstbewusstsein ist nach der missratenen Dienstfahrt nach Düsseldorf angeschlagen. Sie kam nie an, sondern fuhr wieder nach Hause. Von dort meldete sie sich bei der Agentur und täuschte hüstelnd und röchelnd vor, schwer erkältet zu sein und mit Fieber im Bett zu liegen. Am anderen Ende der Leitung gab es viel – wie Ulla vermutet – geheucheltes Mitgefühl. Ein Alternativtermin wurde ihr nicht angeboten.

Daran muss sie denken, als sie bei Stefans Eltern in der Küche sitzt und Willi, der tatsächlich erkältet ist, Gesellschaft leistet. Gesprächsthema ist gerade Ullas und Stefans erfolglose Wohnungssuche.

»*Dä kann mem Aasch Nöß kraache*« (Der kann mit dem Hintern Nüsse knacken), hört sie Willi sagen.

»Was kann Stefan?«, fragt Ulla konsterniert. Im Ableiten und Interpretieren des kölschen Singsangs hat sie riesige Fortschritte gemacht. Auch wenn sie Willis Worte nur halb mitbekommen hat, so ist sie sich sicher, dass er gerade Stefans Hintern thematisiert hat. Also nicht im anatomischen, sondern im umgangssprachlichen, abfälligen Sinn. Der derb-deftige kölsche Humor ist Ulla längst nicht mehr neu, aber dass ein Vater seinen Sohn als »Arsch« bezeichnet, und zwar für etwas, für das der gar nichts kann, geht gar nicht. Jetzt muss Ulla ihren Stefan verteidigen: »Liegt auch an mir, dass wir noch keine Wohnung gefunden haben. Ich hab viel mehr Zeit als Stefan und suche ja auch dauernd. Aber ehrlich, in Köln findet man einfach nichts.«

Willi nickt verstehend. Zumindest würde Ulla das Nicken so interpretieren, wenn sie seine Worte nicht zweifeln ließen. *»Im Aasch es et düster.«* (Am Hintern ist es finster).

Wie bitte? Jetzt wird Ulla ärgerlich. »Also deine Sprüche kannst du dir wirklich sparen, Willi. Ich hab echt genug«, sagt es und steht entschlossen auf.

»Wat soll dat jetz wäde, Mädche?« (Was soll das jetzt werden, Mädchen), will Willi wissen.

Ulla sieht Willi ernüchtert an. »Wenn du Stefan und mich beleidigen willst, bitte. Aber ohne mich.« Schon will sie gehen.

Da greift Willi Ullas Hand. »*Mädche,* komm setz dich. *Du häs ...*« Er stockt und wechselt vom Kölschen ins Hochdeutsche. »Ich glaube, du hast da was in den falschen Hals bekommen. Ist meine Schuld. Aber du kennst mich. Ich rede, wie mir der Schnabel gewachsen ist.«

Ulla nickt, noch angefressen, aber insgeheim bereits hoffend, dass das Ganze nur ein Missverständnis ist. Sie will keinen Streit mit Willi. Sie mag ihn viel zu gern.

Willi fährt bereits fort: »Wir Kölsche reden nun mal nicht ganz ... stubenrein. Aber das meinen wir nicht böse.«

Ulla muss grinsen. »Du Arsch heißt also nicht du Arsch?!«, fragt sie ironisch.

Willi lacht lauthals. »Da haste mich erwischt, Ullachen. Also manchmal ist 'n Arsch 'n Arsch. Aber du nicht und mein Sohn ... na ja, hin und wieder der schon, aber diesmal nicht.«

Ulla sieht Willi provokant an: »Und was bedeutet das jetzt mit dem Arsch und den Nüssen?«

Willi zuckt mit den Achseln: »Na, ganz einfach. Der Stefan kann mit dem Hintern Nüsse aufknacken. Hat er dir etwa noch nie 'ne Walnuss geknackt?«

Ulla sieht Willi fassungslos an.

Willi kann nicht mehr an sich halten und prustet los. Da hat er Ulla mal wieder ganz schön ins Boxhorn gejagt.

Ulla gönnt ihm den kleinen Triumph, aber will es jetzt wirklich wissen.

»Stefan ist 'n Schlauer und manchmal 'n Oberschlauer. Zu schlau für die Welt. Denn die hat sich längst weitergedreht.«

Ulla wird nachdenklich. »Du meinst unsere Wohnungssuche?«

Willi nickt. »Ihr hättet doch schon ein paar nette Wohnungen haben können.«

Ulla bestätigt kleinlaut: »Nette, ja. Aber ...«

»Nix aber«, fällt ihr Willi ins Wort. »Am Ende geht ihr leer aus, weil dann nämlich auch die Netten weg sind.«

Ulla muss schlucken. Ablenkend hakt sie bei Willi nach, was es mit dem »düsteren Arsch« auf sich hat, und bekommt postwendend eine Lehrstunde im kölschen Fatalismus.

Auch wenn *»et im Aasch düster es«*, also die Situation im Moment übel, schauen die Kölner*innen weiterhin positiv nach vorn. Oder nach dem kölschen Grundgesetz Paragraf 7: *Wat wells de maache?* (Was willst du machen?), füge dich in dein Schicksal. Nimm, was du bekommst.

DAS SAGT MAN DOCH NICHT

Die kölsche *Sproch* bedient sich gern aus dem Fundus der unanständigen Wörter aus dem Darmbereich. Vermutlich hängt es mit der kölschen Urlust zusammen, sich der Obrigkeit zu widersetzen. Nicht offen rebellisch, sondern »groß« und stinkend. Sinnbild ist der *Kallendresser* (Dachrinnenscheißer), also jemand, der in der Dachrinne sein großes Geschäft erledigt.

Die Figur ist bereits seit dem Mittelalter bekannt, aber kam erst viel später zu Ehren, und zwar dank des Kölner Architekten Jupp Engels, der sich für den Erhalt des historischen Stadtbilds in Köln engagierte. 1956 kaufte er ein Grundstück am **Alter Markt**. Der Krieg hatte dort ein Loch gerissen. Weil sich Engels Neubau harmonisch in die bestehende Häuserreihe einfügte, bekam er sogar den Kölner Architekturpreis.

Später erwarb er die Rechte an der früheren steinernen Figur des *Kallendressers* und beauftragte den Künstler Ewald Mataré die Figur in grün patiniertem Kupferblech nachzubauen. Sie hängt noch immer am Haus Nr. 24 am Alter Markt.

Doch nicht immer sind die Redewendungen so derbe gemeint, wie sie klingen. Oft aber schon. Oder wie der Kölner Psychologe Stephan Grünewald schreibt: »Der Kölner nimmt zwar heute ein Blatt für den Hintern, aber immer noch kein Blatt vor den Mund.«

Nach Willis Erklärungen weiß Ulla wenigstens, dass seine Worte nicht beleidigend waren, sondern, das muss Ulla zugeben, richtig. Einige Wohnungen, zum Beispiel in den *Veedeln* Sülz oder Nippes, waren wirklich gar nicht so übel. Ulla hätte längst Zugeständnisse gemacht, doch für Stefan muss es die zu 100 Prozent richtige Wohnung sein.

»*Wat jit et zom jribbele, Ulla?*« (Was gibt es zum Nachdenken, Ulla?), hakt Willi nach.

»Ach, mir kam nur gerade in den Sinn, dass in Köln immer alles super und gigantisch sein muss.«

Perplex sieht Willi Ulla an: »*Wat meinst de?*« Willi ist wieder in seine kölsche *Sproch* gerutscht.

»Na ja, als ich das erste Date mit Stefan hatte ...«

»*Oh, loß hüre*« (lass hören), sagt Willi mit einem verschmitzten Grinsen.

Ulla lacht. »Besser nicht. Ich bin da in ein dickes Fettnäpfchen getreten.«

Willi klatscht begeistert in die Hände: »*Jetz kütt alles op et Tapeet!*« (Jetzt kommt alles auf den Tisch.) Erwartungsvoll sieht er Ulla an.

Aus der Nummer kommt sie nicht mehr raus. Selbst schuld, warum hat sie auch damit angefangen. »Das war in Hamburg. Wir sind essen gegangen. Ich hab ihn irgendwann gefragt, wo er herkommt. Und da hat er gesagt, aus der schönsten Stadt der Welt.«

Willi nickt bestätigend, was Ulla mit einem Seufzer quittiert.

»Du nickst, aber ich dachte damals tatsächlich, dass er von Paris oder New York spricht. Den schönsten Städten der Welt eben.«

Leck mich en de Täsch, wat für 'n Malör

Richtig. Voll ins Fettnäpfchen. Gleich beim ersten Date. Für Kölner*innen ist Köln selbstverständlich die beste, tollste und schönste Stadt oder schlicht die Stadt der Superlative.

Wer es nicht weiß, der kann es auf einem riesigen Schild lesen, wenn er die Unterführung der Nord-Süd-Fahrt nimmt: »Liebe deine Stadt.«

Auswärtigen Fußballfans wird es direkt im **Müngersdorfer Stadion**, offizieller Name Rheinenergiestadion, vermittelt. Der Stadionsprecher begrüßt die Gästefans mit einem »Herzlich willkommen in der schönsten Stadt Deutschlands«. Selbstverständlich gänzlich ironiefrei.

Und Köln ist noch viel mehr: DIE Millionenstadt, DIE Messestadt, DIE Medienstadt, DIE LGBT-Hochburg (Lesben, Schwulen, Bisexuellen und Transgender).

Seit alters her wird in Köln groß gedacht. Schon beim Dombau lautete der Anspruch: die größte Kathedrale der Welt. 600 Jahre später stand die damals größte Kathedrale. Die größte Kunstmesse (in den 1980er Jahren), die größte Veranstaltungshalle (mittlerweile überholt) und, und, und.

Man kann es auch global ausdrücken: »*Kölle is dat Hätz vun d'r Welt*« (Köln ist das Herz der Welt). Oder sich auf göttliche Erkenntnisse berufen: Als der liebe Gott die Dialekte verteilte, gab er den Menschen in Schwaben Schwäbisch, den Menschen in Bayern Bairisch, den Menschen in Sachsen Sächsisch und so weiter, doch als Köln an der Reihe war, fiel ihm nichts mehr ein, und er beschloss kurzerhand, dass sie erst mal so sprechen sollten wie er. Und wie man hört, tun die Kölner*innen das noch heute.

Der offensichtliche Widerspruch zwischen kölschem Größenwahn und dem Provinziellem eines Millionendorfs, wie man Köln auch bezeichnet, gehört zum Kölschsein wie der Topf auf den Deckel. Gigantisch wollen es die Kölner*innen, aber bitte schnuckelig und gemütlich. Eine tolle, große Wohnung, aber bitte im eingesessenen und beschaulichen *Veedel.* Wenn es die nicht gibt, dann wartet man eben. Oder wie die Kölner*innen sagen: »*Wat nit es, dat kann noch wäde*« (Was nicht ist, kann noch werden). Die Hoffnung stirbt zuletzt, und wenn sie gestorben ist: »*Mäht nix. Et es, wie et es.*«

Schwaadschnüss

Von dieser typisch-kölschen Haltung erzählt die Sage von Jan und Griet. Sie wird in Köln traditionell an Weiberfastnacht aufgeführt. Ein Denkmal auf dem **Alter Markt** erinnert an Jan. Gemeint ist Jan von Werth, der siegreiche General eines Reiterkorps zur Zeit des Dreißigjährigen Kriegs. Griet scheint eine Erfindung zu sein. Die Legende der beiden wurde zum ersten Mal 1837 aufgeschrieben.

Jan war ein armer Knecht, der auf dem Kümpchenshof in Köln arbeitete und sich in die hübsche Magd Griet verliebte. Eines Tages nahm er allen Mut zusammen und hielt um ihre Hand an. Doch Griet lehnte ab. Sie wünschte sich ein besseres Leben, als ihre Eltern es hatten. Ein Knecht würde ihr das nicht bieten können.

Was für eine bittere Enttäuschung für den jungen Mann. Zutiefst getroffen beschloss er, als Reiterknecht in den Krieg zu ziehen. Dort zeichnete er sich durch seine Tapferkeit und kriegerischen Fähigkeiten aus und stieg in der Soldatenhierarchie auf. Der Sieg über die Festung Ehrenbreitstein bei Koblenz brachte ihm viel Ruhm und Ehre. Von da an ritt Jan von Sieg zu Sieg.

Nach einigen Jahrzehnten kehrte er als reicher, vielfach dekorierter General nach Köln zurück. Hoch zu Ross, an der Spitze seiner Reiterstaffel, ritt er triumphierend durch die Stadt. Die Menschen jubelten ihm am Straßenrand zu.

Als er das Severinstor in der Kölner Südstadt passierte, fiel sein Blick auf eine Marktfrau, die dort Obst und Gemüse verkaufte. Sie sah erwartungsvoll zu ihm auf. Da erkannte Jan sie. Es war seine alte, große Liebe. Es war Griet.

Jan stieg von seinem Pferd ab und sprach sie an: »*Griet, wer et hatt jedonn.*« (Griet, wer es getan hätte.)

Sie antwortete: »*Jan, wer et hätt jewoss.*« (Jan, wer es gewusst hätte.)

Jan stieg auf sein Pferd auf und ritt weiter, ohne zurückzuschauen. Der Legende nach sahen sich die beiden nie wieder. Seit damals bezeichnet die Redewendung »*Wer et hätt jewoss, der et hätt jedonn*« eine verpasste Gelegenheit.

34 FLEISSIGE HELFER GESUCHT

DA WARTET MAN IN KÖLN LANGE

»Da lore mer mal, wat mer finge, Mädche«, grinst Willi und winkt Ulla mit sich. Es geht runter in den Keller, hin zu verstaubten Regalen und zu jeder Menge Kartons. Irgendwo da drin müssen sich die alten Fotoalben der Familie finden lassen. Da ist sich Willi ganz sicher. Nur wo? Da ist er sich unsicher.

Ulla zieht eine erste Kiste heran, öffnet sie und blickt in ein heilloses Sammelsurium aus kleinen Figürchen aller Formen und Materialien, von Gartenzwergen über Weihnachtsdeko, Tischdecken und Besteck bis hin zu 1.-FC-Köln-Devotionalien. Ein Seufzer entfährt ihr.

Willi wirft einen Blick in die Kiste und grinst. *»Do finge sibbe Katze kei Müüsje drin widder!«* (Da finden sieben Katzen kein Mäuschen drin wieder.) Oder mit anderen Worten: So ein Durcheinander ist das.

Ratlos blickt Ulla Willi an. Für den ist Ulla ja längst *Famillich*, also Familienmitglied. Und die Familie spricht selbstredend eine Sprache. Im Zweifel Kölsch. Natürlich kann Willi auch Hochdeutsch, aber nach wenigen Worten verfällt er reflexhaft ins Kölsche. Doch er weiß natürlich auch: Fremdsprachenlernen ist nicht so einfach und vor allem: *»Schwaade wie ne echte Kölsche, do musste en Kölle jebore sin.«* (Reden wie ein echter Kölner, dafür musst du hier geboren sein.) Da wird er von einem kleinen Porzellanfigürchen in der Kiste abgelenkt und brummelt staunend: *»Wat soll dä Quatsch?«*

Ulla hat ihn verstanden. Hurra. Willi hat Paragraf 9 des Kölschen Grundgesetzes zitiert und stellt die Grundsatzfrage. Was soll der Quatsch? Die kann man bei dem Nippes im Karton wirklich stellen.

KEIN NIPPES IN NIPPES

Aufmerksame Leser*innen und Köln-Kenner*innen ist das Kölner *Veedel* Nippes bestimmt ein Begriff. Obwohl der Ursprung des Namens nicht hundertprozentig geklärt ist, weiß man, dass er nichts mit dem Begriff Nippes für Kitsch und Krimskrams zu tun hat.

Die Ortsbezeichnung »am Nippes« tauchte erstmals in einer Urkunde aus dem Jahr 1549 auf. Die Örtlichkeit umfasste die heutigen Gebiete der Stadtteile Nippes, Bilderstöckchen und Mauenheim. Die Herkunft des *Veedels*-Namens Nippes rührt am wahrscheinlichsten von einem Haus, das an einem verlandeten Rheinarm lag. Auf Kölsch war das ein *Niep*. Wo sich früher der Rheinarm schlängelte, liegt heute das Nippeser Tälchen, eine bei der Bevölkerung beliebte Grünanlage.

Das andere Nippes kommt aus dem Französischen und bedeutet übersetzt »Klamotten« und als Verb *nipper* »ausstaffieren«. Mit Nippes, meist Dekorativem, werden also Zimmer verschönert oder ausstaffiert.

Willi betrachtet das Figürchen nachsichtig. *»Jedem Jeck jefällt sing Mötz.«* (Jedem Verrückten gefällt seine Mütze.) Mit anderen Worten: Jeder hat das Recht auf seinen schlechten Geschmack.

Ulla grinst, wühlt so sanft wie möglich durch den porzellanhaltigen Inhalt des Kartons und stellt bedauernd fest: »Keine Fotoalben.«

Also weiter. Und die Zeit drängt, wie sie nach Willis Blick auf seine Uhr und seinen Kommentar *»Ich bin ne Hungerkünsler. Avver jetz is Essenzigg«* (Ich bin ein Hungerkünstler. Aber jetzt ist Essenszeit) merkt.

Es ist bereits Mittag, und sie muss noch so viel für Stefans Geburtstag vorbereiten. Morgen wird er 30 Jahre. Ulla will ihren Freund mit einem Video über seine 29 Lebensjahre überraschen. Dafür braucht sie Fotos aus seiner Kindheit und Jugend. Hunger? Dafür hat Ulla keine Zeit. Aber Willi darf gern essen gehen. Sie sucht sich hier allein durch.

Willi kann es nicht glauben: *»Dir ka'mer jo et Vatterunser durch de Rebbe blose«* (Dir kann man ja das Vaterunser durch die Rippen blasen), und meint damit, dass sie in seinen Augen viel zu dünn ist. Ulla hat das nicht verstanden, nickt der Einfachheit freundlich lächelnd und will den obersten Karton vom nächsten Stapel hieven. Willi eilt herbei: *»Mädche, do häste doch nix in de Maue«* (Mädchen, du hast doch nichts im Ärmel) oder auf Hochdeutsch: Du hast doch keine Muskeln, und nimmt Ulla den Karton gentlemanlike ab.

Während er sich zum Mittagessen verabschiedet, arbeitet sich Ulla systematisch durch die Kartons. Endlich: Da sind die Fotoalben. Sie landet direkt einen Volltreffer. Auf dem Foto steht der kleine Stefan glücklich grinsend im Elefantenhaus im **Kölner Zoo**.

HAUS DER DICKHÄUTER

Das **Elefantenhaus** steht mittlerweile unter Denkmalschutz. Die Tiere sind in den Elefantenpark umgezogen. Deshalb wird das älteste noch erhaltene Bauwerk seit Gründunq des Zoos im Jahr 1860 auch das Alte Elefantenhaus genannt. Erbaut wurde es 1863/64 im maurischen Stil. Die neuen Bewohner, die Sifaka-Affen, kommen aus Madagaskar und sind vom Aussterben bedroht.

Der Zoologische Garten Köln in **Köln-Riehl** ist der drittälteste Zoo Deutschlands. Seit Mitte der 1980er Jahre wurde die Anlage immer wieder renoviert und erweitert, damit die Tiere so naturnah wie möglich gehalten werden können. Außerdem züchtet der Zoo bedrohte Tierarten.

1971 eröffnete das Aquarium mit Terrarium und Insektarium auf dem Gelände. Und im Zoo ist auch der Altersruhesitz von Geißbock Hennes VIII. *Jecke* elf Jahre war er in Amt und Würden als Maskottchen des 1. FC Köln. 2019 wurde sein Nachfolger, Hennes IX., inthronisiert.

Unzählige Kartons später hat Ulla mehr als genug Fotos für Stefans Geburtstagsgeschenk. Sie ist ganz vertieft darin, eine Auswahl zu treffen, als hinter ihr Willis ungläubige Stimme ertönt: »*Ne, wat för ne Bruddelskrom es dat denn hä.*« (Was für ein Durcheinander ist das denn hier!?)

Willi hat ja Recht. Ulla hat das reinste Chaos im Keller veranstaltet. »'Tschuldigung. Ich räume natürlich alles auf.«

Willi schüttelt den Kopf: »*Lass blieve. Da kume späder de Heinzemännche.*« (Lass sein. Da kommen später die Heinzelmännchen.)

Ulla atmet insgeheim durch. Ein Glück, dass Stefans Eltern eine Putzhilfe haben, die wieder Ordnung macht. So kann sie sich beruhigt auf den Heimweg machen und Stefans Geburtstagsfilm drehen.

Leck mich en de Täsch, wat für 'n Malör

Nur leider irrt sich Ulla mit der Putzhilfe. Zwar gibt es in Köln und Umgebung etliche Reinigungsfirmen, die das Wort Heinzelmännchen in ihren Firmennamen integriert haben, aber die meint Willi nicht. Er spielt auf die alte Legende von den Kölner Heinzelmännchen an.

Das waren Zwerge, die vor vielen Jahrhunderten in Köln lebten. Nachts, wenn alle schliefen, kamen sie in die Häuser und machten sich nützlich. Wenn die Menschen morgens aufstanden, war ihr Tagwerk bereits erledigt. Das waren goldene Zeiten. Die Kölner*innen dankten es den Zwergen mit Speis und Trank. Die Zwerge hatte bis dato allerdings noch niemand gesehen. Sie trugen rote Tarnkappen, die sie unsichtbar machten.

Eines Tages bekam der Schneider einen großen Auftrag. Er sollte den Staatsrock für den Bürgermeister anfertigen. Im Wissen um seine fleißigen Nachtarbeiter brüstete er sich, die Arbeit schon am nächsten Tag erledigt zu haben. Wie gewohnt legte er sich schlafen in der festen Annahme, die Heinzelmännchen würden den Rock in der Nacht schon fertig schneidern.

Doch er hatte die Rechnung ohne seine Frau gemacht. Sie war von Natur aus sehr neugierig und wollte die Heinzelmännchen unbedingt zu Gesicht bekommen. Deshalb streute sie in der Nacht Erbsen auf die Treppe, die zur Werkstatt ihres Mannes führte, und legte sich auf die Lauer.

Plötzlich hörte sie es trippeln, dann plumpsen, fallen und schreien. Sofort kam die Frau aus ihrem Versteck und zündete eine Kerze an. Über- und aufeinander lagen da lauter winzige Gesellen. Im Fallen hatten sie ihre Tarnkappen verloren und waren sichtbar geworden. Darüber waren die Zwerge sehr verärgert. Flugs setzten sie ihre Kappen wieder auf und verschwanden auf immer und ewig. Und die Männer in Köln jammerten und jammerten. Denn fortan mussten sie ihr Tagwerk wieder selbst verrichten.

Schwaadschnüss

An die Legende, die der Breslauer Dichter August Kopisch gehört und 1836 aufgeschrieben hatte, erinnert bis heute der Heinzelmännchenbrunnen in der Innenstadt. Überliefert ist auch, wo das Haus des Schneiders und seiner Frau gestanden haben soll: in der Altstadt. Heute ist dort das Restaurant Haxenhaus zum Rheingarten. Eine Tür und eine Treppe erinnern an die Geschichte.

Im Laufe der Zeit wurde die Heinzelmännchen-Legende immer wieder neu interpretiert. Anfangs sah man sie als Warnung vor der weiblichen Neugier. Die hatte schließlich schon in biblischer Zeit zur Vertreibung aus dem Paradies geführt. Doch mehr und mehr sah man die Neugier auch als Suche nach Erkenntnis. Die Schneidersfrau wollte hinter die Dinge blicken, auch wenn sie dafür einen hohen Preis zahlen musste.

Tatsächlich ist der Ursprung der Legende ganz und gar nicht paradiesisch. Thematisiert wird die Kinderarbeit. Heinzelmännchen ist eine Ableitung von Heinzel-Menschen. So bezeichnete man kleine Menschen und Kinder. Die Heinzel-Menschen arbeiteten in den rheinischen Bergwerken, holten das Grundwasser aus den Gruben und trugen es weg. Mit der Entwicklung der Pumptechnik im 16. Jahrhundert verloren sie ihre Arbeit und gingen in die Städte. Für wenig Geld boten sie Handwerkern ihre Arbeitskraft an.

35 BODENSCHÄTZE?

ABER BITTE BEIM NACHBARN

Stefans Eltern nahmen Ulla ihren Tritt in den Fettnapf nicht übel. Ganz im Gegenteil. Sie lachten schallend über ihr Missverständnis mit den Heinzelmännchen, auch wenn Heike und Willi den Keller selbst wieder aufräumen mussten. Es diente ja einem guten Zweck. Das Highlight an Stefans Geburtstag war Ullas Film, der seine 29 Lebensjahre Revue passieren ließ. Im Abspann bedankte sich Ulla bei Heike und Willi. Die waren stolz wie Oskar.

Weitere Feste wurden gefeiert. Es kamen Weihnachten und Silvester, und ein neues Jahr begann. Fast fließend ist aus Nordlicht Ulla 'ne Kölsche geworden. Und vor Kurzem stand tatsächlich ihr Umzug in die erste gemeinsame Wohnung mit Stefan an. Ja, sie haben eine Wohnung gefunden. Mitten im **Kunibertsviertel**.

Nicht die Wohnung von Maries Bekanntem, als Ulla mal wieder zielsicher ins Fettnäpfchen trat und glaubte, die Haie seien im Aquarium. Jetzt weiß sie, dass Die Haie in der **Lanxess-Arena** Eishockey spielen. Maries Bekannter blieb in seiner Wohnung wohnen. Seine Frau hatte ihn sitzengelassen, eine größere Wohnung war nicht mehr vonnöten.

Ulla und Stefan sind in einen schicken Neubau gezogen. Platz genug für alle und alles, inklusive Balkon mit Blick auf den Rhein. Was will man mehr? Und wie kamen sie an die Wohnung? Na, wie wohl. Durch Klüngeln. Willi kannte jemanden, der jemanden kannte, der jemanden kannte. Voilà! Die Wohnung war gefunden. Unter kräftiger Mithilfe von Verwandten und Bekannten, insbesondere von Heike und Willi, haben sie sich eingerichtet.

Logisch, dass Ulla und Stefan jetzt auch Heike und Willi helfen. Denn die haben sich für dieses Jahr was Großes vorgenommen. Im Garten ihres Einfamilienhauses wollen sie ein Holzhäuschen errichten. Mit überdachter Terrasse und allem Pipapo. In der heißen Jahreszeit kann man da im Schatten sitzen, grillen, Kölsch trinken und nach Bedarf Fußballspiele gucken.

Zum Holzhausbau kommt die ganze Familie. Selbstverständlich tritt auch Willis halber Karnevalsverein mit einem *Pittermännchen* an. Willig sind die Karnevalisten, aber das Kölsch ist lecker, die *Schnüss* (der Mund) sitzt locker, und zum *Kloochdressen* (Besserwissen) braucht es nun mal Distanz.

Tja, die Kölner*innen geben sich gern hilfsbereit, tun aber letztlich nichts – außer *schwaade* (schwatzen). Während die *jong Lück* (jungen Leute) schuften, bringt Heike Metthäppchen und Kartoffelsalat nach draußen. Willi lässt schmissige Karnevalsmusik laufen.

Da kommen Harald und Manfred, Freunde von Heike und Willi und Verkäufer des Gartenhäuschens. Sie helfen beim Aufbauen. Service ist schließlich inklusive. Während die *jong Lück* Arbeiten verrichten, für die man auch einen gut dressierten Maulesel nutzen könnte, also Holzelemente, die in der Garageneinfahrt liegen, über die Straße in den Garten tragen, heben Manfred und Harald die Grube aus. Das Gartenhäuschen braucht eine solide Verankerung, damit es auch Stürmen standhalten kann. Ulla, Marie und ihre Freundinnen helfen, die größeren Steinbrocken aus der Grube zu holen.

Harald setzt zu einem neuen Spatenstich an, stößt die Schaufel tief in die Erde, da erklingt ein metallisches Geräusch. Harald stoppt augenblicklich und winkt alle herbei. Um Gottes willen. Liegt da etwa eine Weltkriegsbombe? Ein Blindgänger, also eine Bombe, die bei ihrem Abwurf nicht gezündet und vielleicht immer noch scharf ist?

KRIEGSRELIKTE

Im Zweiten Weltkrieg sollen fast 1,5 Millionen Bomben auf Köln niedergegangen sein. Angefangen mit dem 1.000-Bomber-Angriff in der Nacht vom 30. auf den 31. Mai 1942 folgten weitere große Luftangriffe auf die Domstadt. Es war die vernichtende Antwort auf die Bombardements der deutschen Luftwaffe auf Warschau, Rotterdam oder Coventry im von Nazideutschland entfesselten Krieg.

Die schlimmsten Angriffe auf Köln fanden zwischen 1943 und 1945 statt. 60 Prozent der Kölner Häuser wurden zerstört. 20.000 Menschen kamen ums Leben. Erst als US-Truppen am 6. März 1945 das linksrheinische Köln übernahmen, war der Krieg hier vorbei.

Aber nicht alle Bomben, die auf Köln abgeworfen wurden, detonierten auch. Unzählige Blindgänger liegen bis heute noch im Boden, teilweise viele Meter tief. Auch wenn sie bisher nicht explodiert sind, bleiben sie weiterhin gefährlich. Die Blindgänger werden häufig bei neuen Baumaßnahmen entdeckt. Zum Beispiel wenn Gruben für Tiefgaragen oder für Fundamente neuer Gebäude ausgehoben werden.

Dann kommt der Kampfmittelbeseitigungsdienst der Stadt. Das Gebiet wird weiträumig evakuiert und die Bombe von Fachleuten entschärft. Abhängig vom Zustand der Bombe, dauert es mehrere Stunden. Kann sie nicht entschärft werden, bleibt den Bombenexperten nichts anderes übrig, als sie kontrolliert zu zünden.

Einen Blindgänger aus dem Zweiten Weltkrieg im Garten zu haben? Nicht schön! Der Bau des Gartenhäuschenbaus müsste verschoben werden. Karnevalist Pit ist bei der Freiwilligen Feuerwehr und sieht sich den Fund genauer an. Während alle in Deckung gehen, bleibt Ulla bei Pit und will Fotos machen. Da zieht Stefan sie beiseite. Sicher ist sicher.

Pit gibt Entwarnung: »*Errare humanum est!*« Alle sind kurz erleichtert: »Keine Bombe!« Kein Bombenentschärfungskommando, auch wenn Ulla zugegebenermaßen eine Bombenentschärfung aus purer Neugier interessiert hätte. Da hebt Pit das Fundstück – eine Art verrosteter Brustpanzer, vermutlich aus römischer Zeit – hoch.

Jetzt herrscht großes Entsetzen in der Runde. Nur Ulla klatscht begeistert, ein echter römischer Fund, wow! Währenddessen buddeln Manfred und Harald den Brustpanzer schnell wieder ein und beginnen an anderer Stelle, eine neue Grube für das Gartenhäuschen auszuheben.

Leck mich en de Täsch, wat für 'n Malör

Einen Weltkriegsblindgänger auf dem eigenen Grundstück auszubuddeln, ist die eine Sache. Es gibt jede Menge Unannehmlichkeiten. Die Tagesplanung ist im Eimer. Das Kampfmittelbeseitigungsteam rückt an. Dann sorgt man sich, ob der Blindgänger entschärft werden kann oder ob bei einer kontrollierten Explosion Schäden am Eigenheim zu erwarten sind.

Aber das ist nichts im Vergleich zu den Folgen eines Fundstücks aus Römer-, Germanen- oder sonstigen alten Zeiten. Ist erstmal die Archäologische Denkmalpflege informiert, geht nichts mehr.

Die Denkmalpflege befasst sich mit den sogenannten unbeweglichen oder beweglichen Denkmälern, die sich im Boden befinden oder befanden. Befassen heißt, sie lassen sie von archäologischem Fachpersonal ausgraben, gegebenenfalls restaurieren und katalogisieren. Alle Fundstücke fließen in ihre ständige wissenschaftliche Arbeit ein.

Damit soll die Geschichte der Stadt Köln so gut wie möglich erforscht werden. Wichtig! Keine Frage. Aber für Grundstücksbesitzer*innen kann es zur großen Belastung werden, sollten die Archäolog*innen zum Schluss kommen, dass sich unter den Grundstücken römische oder aus anderen Epochen stammende Bauten befanden.

Es gab und gibt in Köln Liegenschaften, die deshalb jahrzehntelang brachlagen. Auf anderen rückte ein Heer von Archäolog*innen an und suchte mit Schäufelchen und Pinselchen nach Überresten des alten Kölns. Jahrelang. Für Heike und Willi wäre es das vorzeitige Aus für ihr Gartenhäuschen.

Schwaadschnüss

Das römische Köln ist vermutlich um 19 v. Chr., manche meinen sogar bereits 38 v. Chr. als Siedlung **Oppidum Ubiorum**, also als Stadt der Ubier, gegründet worden. Damit wäre Köln die älteste Stadt Deutschlands und nicht Trier, die diese Auszeichnung ebenfalls für sich reklamiert.

Trier entstand tatsächlich erst 16 v. Chr., als römische Siedlung mit dem Namen Augusta Treverorum verbrieft, und damit ganze drei Jahre später als Köln. Nach Rechnung der Trierer*innen zählt allerdings bereits ein römisches Militärlager, das sich um 30 v. Chr. auf Trierer Grund befunden hat. Blöderweise wurde es aber nach kurzer Zeit wieder abgebaut und hatte nichts mit dem späteren Trier zu tun. Anders in Köln. Hier entwickelte sich aus der Stadt der Ubier das spätere CCAA.

Die Ubier waren ein westgermanisches Volk, das ursprünglich auf der rechten Rheinseite beheimatet war. Als die Römer auf ihrem Eroberungszug nach Norden vordrangen, stellte der Rhein die natürliche Grenze, den Limes, zwischen den römisch besetzten Gebieten auf der linken Seite und dem Germania Magna, dem Großen Germanien, dar.

Im Unterschied zu anderen ansässigen Germanenstämmen trieben die Ubier Handel mit den Römern. Deshalb wurde ihnen auch erlaubt, sich auf der linken Rheinseite zwischen den römischen Feldlagern anzusiedeln. Aus Handelspartnern wurden Verbündete. Die Ubier halfen den Römern, den Limes gegen die anderen Germanenstämme zu verteidigen.

50 n. Chr. wurde die Oppidum Ubiorum zur Stadt erhoben und erhielt den Namen **Colonia Claudia Ara Agrippinensium**, kurz Colonia oder CCAA. Colonia bedeutet, dass in der Stadt römisches Recht galt und die Kölner damit auch römische Bürger waren, mit allen Rechten und Pflichten. Claudia weist darauf hin, dass die Stadt unter Kaiser Claudius gegründet wurde, der von 41 n. Chr. bis zu seinem Tod 54 n. Chr. auf dem Cäsarenthron saß. Ara erinnert, dass CCAA um den Ara Ubiorum herum entstand, den Altar der Ubier. Das römische Heiligtum stand im Oppidum Ubiorum und wurde im letzten Jahrzehnt des 1. Jahrhunderts v. Chr. errichtet. Es war der Göttin Roma und dem römischen Kaiser gewidmet. Agrippinensium geht auf Agrippina zurück, die Ehefrau des Kaisers Claudius. Sie wurde in Oppidum Ubiorum geboren und wird von der Jungfrau des Kölner Karnevalsdreigestirns symbolisiert.

CCAA war die einzige Stadt im römischen Imperium, deren Namen auf eine Frau zurückzuführen ist. In den folgenden Jahren wurde Colonia die Hauptstadt der römischen Provinz Germania inferior, also von Niedergermanien, und damit gleichzeitig Hauptquartier des niedergermanischen Heeres.

Sie war damals eine hochmoderne Stadt mit Stadtmauer, Häusern aus Stein und einer Kanalisation. Die Römer brachten den Weinbau nach Germanien, allerdings nicht bis nach Köln. Sie errichteten Saunen und ließen sich Trinkwasser über ein 95 Kilometer langes Aquädukt aus der Eifel kommen. Fun Fact am Rande: Das Rheinwasser war ihnen nicht kalkhaltig genug. Heute ruiniert das kalkige Wasser jede Kaffeemaschine.

Ende des 4. Jahrhunderts zerfiel das römische Reich nach und nach. CCAA wurde mehrfach von den Franken erobert und wieder von den Römern zurückerobert. 455 zogen sich die Römer aus CCAA zurück.

Bis heute sind zahlreiche Zeugnisse der antiken Zeit im Stadtbild erhalten. Der Römerturm an der Magnusstraße war früher Teil der nordwestlichen Stadtmauer. Die antike Hafenstraße in der Nähe des Römisch-Germanischen Museums. Überall stößt man auf Reste der alten Stadtmauer. Andere Artefakte sind im Römisch-Germanischen Museum zu besichtigen, zum Beispiel der Torbogen mit der Inschrift CCAA.

Sicherlich gibt es in Kölns Untergrund noch einiges aus der Vergangenheit zu bergen. Deshalb werden alle Bauanträge zuvor von der Stadt geprüft, ob archäologische Fundplätze zu erwarten oder eingetragene Bodendenkmäler durch geplante Baumaßnahmen gefährdet sein könnten. Falls dem so ist, beginnen archäologische Grabungen. Das eigene Bauvorhaben, wie zum Beispiel Willis und Heikes Gartenhäuschen, muss warten, bis alle Artefakte gesichert sind.

36 WOHLKLANG IM OHR

ABER GESTANK IN DER NASE

Als Ulla erwacht, hört sie Stefan leise in der Küche werkeln. Sie fühlt sich gerädert und wie erschlagen. Es ist 6.30 Uhr. Stefan muss gleich zur Arbeit. Normalerweise schläft Ulla um diese Uhrzeit noch selig. Doch ihre Nacht war der blanke Horror. Erst konnte sie nicht einschlafen, dann wachte sie gegen Mitternacht auf, um ein paar Stunden später in einen dämmrigen, alptraumhaften Schlaf zu fallen. Grund für ihre Unruhe war eine vernichtende Kritik für ihre letzte Influencer-Kampagne.

Und schon rattert der Verriss wieder in ihrem Kopf. Je mehr sie dagegen ankämpft, desto stärker kehren die Gedanken zurück. Ullas Versuch, noch ein wenig Schlaf zu finden, scheitert. Als sie sich nur noch im Bett herumwälzt, steht sie auf. Vielleicht hilft ein starker Kaffee.

Oder der liebevoll gedeckte Frühstückstisch in der Küche. Stefan hat sogar ein paar Blümchen von ihren prächtig blühenden Balkonpflanzen abgezweigt und ihr auf den Tisch gestellt. Die Kaffeekanne ist gefüllt mit köstlich duftendem Kaffee. Und da liegt ein Briefumschlag. »Für Ulla, meine Liebste *ever, ever, ever* …« Worte, die sich magisch wie Feenzauber um ihre waidwunde Seele legen.

im Briefumschlag warten zwei Konzertkarten. Klassik im **Kronleuchtersaal**. Heute Abend. Ulla strahlt über beide Wangen. Klassische Musik, Kronleuchtersaal, Stefan. Die Kritik an ihrer Arbeit ist vergessen. Das Leben hat so viele schöne Seiten. Man muss sie nur sehen und genießen!

Klassikkonzert im Kronleuchtersaal: Was zieht man da an?, schießt es Ulla durch den Kopf. Ihr »kleines Schwarzes«, perfekt für elegante Anlässe, ist in der Reinigung. Das schlichte Leinenkleid hat einen kaputten Reißverschluss, und um die beige Stoffhose am Bund zu schließen, müsste sie sich nach vielen köstlichen Mahlzeiten erst ihren leichten Bauchansatz wieder abtrainieren. Das könnte bis zum Abend knapp werden. Es gibt nur eine, zugegeben äußerst reizvolle, Alternative. Ab in die City und ein schickes Outfit kaufen. Natürlich ökologisch korrekt hergestellt.

Gesagt – getan. Ulla streift durch die Läden, probiert dies und jenes und entscheidet sich für einen Traum in Weiß. Eigentlich zu teuer, aber der Anlass heiligt die Mittel, denkt sie sich und zückt ihre Kreditkarte.

Glücklich die Papiertasche schwingend, spaziert Ulla durch die Hohe Straße. Sie quert den Wallrafplatz, passiert das Café Reichard linkerhand und läuft über den Kardinal-Höffner-Platz Richtung Trankgasse. Ulla muss einer großen, ohrstöpselbestückten asiatischen Reisegruppe ausweichen, die mit ihrem Tourguide zum unansehnlichen Seiteneingang der **Tiefgarage Am Dom** strebt und dort verschwindet. Irritiert stutzt Ulla. Was wollen die denn alle in der Tiefgarage?

DRIVE-IN-GESCHICHTSSTUNDE

Die Tiefgarage beherbergt nicht nur über 500 Autoparkplätze, sondern auch historische Schätze. Sie verdanken ihre Entdeckung dem Bau der Tiefgarage Anfang der 1970er Jahre und wurden, typisch

Köln, kurzerhand in die Garage integriert. Seitdem sind sie für jedermann und -frau jederzeit zu besichtigen.

Zum einen sind das die erhaltenen Fragmente der imposanten, fast drei Meter breiten Stadtmauer. Und dann gibt es da noch ein Loch mitten in einem Teil der Mauer, das sogenannte Annoloch.

Anno- nach Anno II., der ab 1056 Erzbischof von Köln war. Ein gebürtiger Schwabe niederen Ranges, dazu arrogant vom Scheitel bis zur Schuhsohle, mit geradezu absolutistischem Herrschaftsanspruch – das konnte in Köln auf Dauer nicht gut gehen. Als er 1062 in Kaiserswerth den 11-jährigen König Heinrich IV. entführen ließ, war das wie ein Staatsstreich.

Das Fass zum Überlaufen brachte 1074 die Beschlagnahmung eines Kaufmannsschiffs im Hafen, bei der Anno die Ware direkt in den Rhein werfen ließ. Angeblich wollte er mit dem Schiff einen Gast wieder nach Hause bringen lassen. Daraus wurde nichts. Anno musste sich jetzt selbst schleunigst aus dem Staub machen, um sich vor dem Volkszorn zu retten.

Er floh in den Dom, von dort in das Haus eines Stiftsherrn, das direkt an der römischen Stadtmauer lag. Vermutlich gab es hier einen Fluchtstollen, der zu der kleinen Öffnung im damaligen Römerwall führte. Durch dieses Loch entkam er seinen Verfolgern.

Vier Tage später aber kehrte er zurück. Schwer beleidigt über die mangelnde Dankbarkeit der Bürger*innen, schließlich hatte er ihnen viele Kirchen gestiftet. Anno rang die Aufständischen nieder und ließ sie zur Strafe blenden. Ein Jahr später starb er. Sein Loch gibt es heute noch.

Außerdem überlebte ein weiteres Loch das frühe Mittelalter. Der Brunnen des Hildebold-Doms, der auch der Karolingische Dom oder der Alte Dom genannt wird und der Vorgänger des heutigen Kölner Doms ist. Er wurde 873 geweiht und existierte bis ins 13. Jahrhundert.

Zwei Stunden später. Ulla erwartet Stefan perfekt gestylt und erntet angesichts ihrer Optik ein anerkennendes Pfeifen durch die Zähne.

Dann verschwindet Stefan im Schlafzimmer und kommt in ausgebeulter Jeans und FC-Köln-Fan-Shirt wieder heraus.

Ulla sieht ihn perplex an. »Wir gehen doch ins Konzert, oder nicht?«

»Ja, sicher. Hast du die Karten?«, will er wissen.

Ulla nickt.

»Prima, dann los«, ruft Stefan und ist bereits an der Tür.

Wenn sich Stefan im Konzertsaal blamieren will, meinetwegen, denkt sich Ulla und folgt ihm. Sie laufen zum **Theodor-Heuss-Ring**. Ulla kennt die Gegend. Sie joggt hier öfter durch den anliegenden Park. Vermutlich wird das klassische Konzert in der denkmalgeschützten **Villa Bestgen** aufgeführt. Anfang der 1900er Jahre wurde die prächtige Villa errichtet.

Als Ulla vor einer großen geöffneten Klappe im Boden des Grünstreifens eine Schar Menschen herumlungern sieht, glaubt sie grinsend, dass dort eine Gruppe Freaks zu einer Unterwelttour aufbricht. Da bleibt Stefan bei den Freaks stehen. Nanu?

Leck mich en de Täsch, wat für 'n Malör

Das ist zwar kein klassischer Fall von Fettnäpfchen, aber letztendlich doch eins. Der **Kronleuchtersaal** ist eine der originellsten Locations, nicht nur von Köln. An der Ecke Clever Straße/Theodor-Heuss-Ring, der früher Deutscher Ring hieß, liegt der denkmalgeschützte Kronleuchtersaal sieben Meter unter der Erde. Und zwar im städtischen Kanalisationssystem.

Hier verbinden sich der sogenannte Nördliche Ringstraßensammler, der das Abwasser der Kölner Ringe führt, mit dem sogenannten Abfangsammler Clever Straße. Als Schutz vor dem Überlaufen der Kanalisation, zum Beispiel bei zu starkem Regen, wurde das gewölbte Bauwerk mit einem Durchmesser von fast vier Metern Breite und fünf Metern Höhe errichtet.

Deshalb gibt es hier eine atemberaubende Akustik. Zwar riecht es neben dem offenen Abwasserkanal nicht allzu fein, aber dagegen bekommen alle Gäste ein Riechsträußchen Pfefferminz. Die Garderobe liegt übrigens ganz im Ermessen der Konzertgäste.

Schwaadschnüss

1816 hatte Köln noch rund 50.000 Einwohner*innen. Doch im Laufe des 19. Jahrhunderts wuchs die Bevölkerungszahl derart an, dass es innerhalb der Stadtmauern viel zu eng wurde. Aber die Mauern konnten nicht einfach eingerissen werden, sie gehörten zur Verteidigungsanlage des Preußischen Staates. Auch wenn die nicht mehr notwendig war, weigerte sich Kaiser Wilhelm II., die Mauer den Kölner*innen zu überlassen. Erst die Zahlung von circa zehn Millionen Reichsmark konnte ihn vom Gegenteil überzeugen.

Mit der Kölner Stadterweiterung musste auch deren Entwässerung geregelt werden. Darum kümmerte sich ab 1881 der Ingenieur Carl Steuernagel. Von Forschungsreisen, die ihn nach Paris und Wien führten, übernahm er das System der Schwemmkanalisation. Dabei wird das Abwasser mithilfe von Regenwasser durch ein Kanalrohr weggespült. Allerdings brauchte die Kanalisation im Fall von starken Regengüssen oder Dauerregen ein Überlaufbecken.

1890 wurde das Bauwerk fertiggestellt und sollte mit einem großen Fest eingeweiht werden. Um das dunkle Kellergewölbe zu illuminieren, brachte man Wandleuchter und zwei Kronleuchter an. In manchen Schriften wird behauptet, dass Kaiser Wilhelm II. die Kronleuchter der Stadt geschenkt haben soll. Andere Schriften legen nahe, dass die Stadt sie zu Ehren des Kaisers gestiftet habe. So oder so bekam Köln seinen Kronleuchtersaal.

Natürlich wurde auch Kaiser Wilhelm II. zur feierlichen Einweihung geladen. Er sagte allerdings ab. Vermutlich aus Angst, dass sich die Kölner*innen ihm und dem ungeliebten Preußentum gegenüber einen Affront erlauben würden.

Der Kronleuchtersaal überlebte zwei Weltkriege und ist bis heute nahezu unverändert erhalten geblieben. Die Originalkronleuchter existieren zwar nicht mehr. Doch noch immer hängt ein – mittlerweile elektrifizierter – Kronleuchter an der Decke und verleiht dem Gewölbe Glanz.

37 DAS BESTE FAST ZUM SCHLUSS

DOCH IRGENDWAS IST IMMER

Früh am Morgen sitzt Ulla auf dem Balkon und lässt ihre Zeit in Köln Revue passieren. Auf den Tag genau ist es jetzt ein Jahr her, als sie in der Stadt ankam. Es war ein herausforderndes und lehrreiches Jahr. Ulla muss lachen. Sie hat sich ziemlich oft zum Affen gemacht.

Aber in Köln, der Stadt des Frohsinns, kein Problem. Die Menschen sind locker und liebenswert und haben sie mit offenen Armen empfangen. Von Stefans Familie wurde sie quasi adoptiert. Und die Beziehung zu Stefan? Wird jeden Tag schöner und schöner. Ein Leben ohne ihn? Unvorstellbar! Auch wenn es gedauert und kölschen Klüngel gebraucht hat, haben sie eine hübsche Wohnung bekommen.

Beruflich geht es für Ulla langsam aber stetig voran. Ihre Immi-Berichte aus Kölle erfreuen sich großer Beliebtheit, besonders bei ihren schleswig-holsteinischen Follower*innen. Doch eins der größten, wenn nicht das größte Highlight von Köln fehlt in ihrem Blog. Die **Hohe Domkirche St. Petrus** oder kurz: der Kölner Dom.

Einerseits berühmt für seine Größe mit fast 145 Metern Länge und circa 87 Metern Breite. Der Nordturm ragt knapp 158 Meter in die Höhe, der Südturm ist sieben Zentimeter kleiner, andererseits berühmt wegen seines gotischen Stils.

UNTERSCHÄTZTE KIRCHENELEGANZ

Auch wenn die **gotischen Kirchen** im Schatten des Doms und der romanischen Kirchen vielleicht etwas untergehen, müssen sie sich nicht verstecken. Zu den zentralen Stilelementen der Gotik gehören filigran nach oben strebende Bauwerke mit Spitzbögen und Gewölben.

Die **Antoniterkirche** zum Beispiel liegt mitten in der Schildergasse, was wohl auch den regen Zulauf erklärt. Sie hat nach dem Dom die meisten Besucher*innen. Aber sie beherbergt auch einen Schatz: die von Ernst Barlach geschaffene Skulptur *Der Schwebende*. Er hatte sie 1927 angefertigt. Für die Nazis war es entartete Kunst, die sie 1937 zu Kriegszwecken einschmolzen. Was sie nicht wussten: Freunde von Barlach hatten einen Nachguss machen lassen. Der kam 1952 in die Antoniterkircher.

Die **Jesuitenkirche St. Peter**, die zwischen 1513 und 1525 erbaut wurde, liegt ebenfalls zentral in der Innenstadt. Seit 1987 gibt es hier die **Kunst-Station Sankt Peter**, ein Zentrum für zeitgenössische Kunst und Musik. Jährlich werden Künstler*innen eingeladen, temporäre, ortsbezogene Kunstwerke zu gestalten, die sich mit katholischer Spiritualität auseinandersetzen.

Ulla will zum Dom aufbrechen, als Stefan anruft und sie bittet, Salat zu kaufen, falls sie Zeit hat. Die beiden wollen heute Abend auf dem heimischen Balkon grillen. Klar macht Ulla das. Zeit hat sie, denn heute steht nur eins auf ihrer To-do-Liste. Sie will den Kölner Dom in seiner ganzen Dimension filmen und vloggen. Hineingehen spart sie sich. Das kann sie irgendwann später ja noch immer tun.

Stefan lacht. »Weißt du eigentlich, wie oft du das schon gesagt hast?«

Ulla erinnert sich lachend. »Ultimo oft. Aber der steht ja auch fast vor unserer Haustür. Wie ein guter Nachbar. Wenn ich was brauche, gehe ich schnell rüber.«

Stefan fällt etwas auf: »Ich kenne keinen unserer Nachbarn. Du?«

»Na ja, vom Sehen. So wie den Dom«, lacht Ulla.

Da ist ihr Stefan voraus. Im Dom war er sehr oft und hat noch immer nicht alles wirklich gesehen. Wobei man manches auch nicht wirklich sehen kann, außer einmal im Jahr. Am Dreikönigstag kann man durch eine kleine Öffnung direkt in den berühmten **Dreikönigsschrein** und auf die Gebeine der Heiligen Drei Könige sehen. Allerdings liegen da nicht nur die Gebeine der drei Heiligen, sondern auch von ein paar weiteren Herrschaften.

Ulla lacht. »Netter Versuch. Aber ich lass mir nichts von dir *verzälle!*«

Von wegen. Stefan hat recht. An die Öffentlichkeit kam das allerdings erst im Jahr 2014.

MEHR ALS HEILIGE DREI KÖNIGE

Die **Gebeine der Heiligen Drei Könige** waren nicht immer in Köln. Sie wurden bei der Eroberung der Stadt Mailand erbeutet. 1164 brachte sie der Kölner Erzbischof Rainald von Dassel als Kriegsbeute mit. Selbstverständlich wurden die Gebeine in einem extra über Jahrzehnte erstellten, prunkvollen goldenen Schrein im Alten Dom ausgestellt.

Zur Mailänder Kriegsbeute gehörten vermutlich auch die weiteren Gebeine. Nämlich vom heiligen Felix von Afrika und vom heiligen Nabor. Beide waren christliche Märtyrer, die unter dem römischen Kaiser Diokletian um 304 enthauptet wurden.

Ebenfalls unter Diokletian enthauptet wurde der Priester und Märtyrer Gregor von Spoleto. Seine Gebeine hatte Erzbischof Bruno I. aber schon im 10. Jahrhundert nach Köln geholt. Sie wurden ebenfalls im Dreikönigsschrein aufgebahrt.

Ulla ist überzeugt, will den Dreikönigsschrein heute besuchen und sich direkt das berühmte **Kirchenfenster des Künstlers Gerhard Richter** ansehen. Es besteht aus über 11.000 Quadraten in 72 verschiedenen Farbtönen und lässt im Sonnenlicht kunterbunt die Südquerung des Doms strahlen. Ullas Dom-Plan sieht so aus: Als Erstes will sie mit der Kamera in der Hand um den Dom herumgehen und das Bauwerk filmen, dann den Innenraum des Doms bewundern.

Doch so ein Mist: Der Dom ist an seiner Ostseite wegen Restaurationsarbeiten eingerüstet. Ganz kölsch also: Man macht Pläne und scheitert in der Umsetzung. Ulla möchte den perfekten Dom bannen, aber statt sich aufzuregen, sagt sie sich: *»Et es, wie et es.«* (Es ist, wie es ist.) Kölsches Grundgesetz, Paragraf 1.

Ein Bauarbeiter spaziert vorbei.

»Entschuldigen Sie«, ruft Ulla, »können Sie mir vielleicht sagen, wann das Gerüst wieder abgebaut wird?«

»Wenn mer fädich sin« (Wenn wir fertig sind), sagt er und geht weiter.

Ulla ist einen Moment baff, dann muss sie lachen. Typisch Köln: blöde Frage, blöde Antwort. Deshalb wendet sie sich mit der richtig formulierten Frage an den Mann, der es wissen muss, den Dompropst. Nächster Versuch: »Entschuldigen Sie. Eine Frage. Sie wissen doch sicher, wann die äußeren Restaurierungsarbeiten am Dom abgeschlossen sein werden, oder?«

Schallendes Gelächter ist seine Antwort.

Leck mich en de Täsch, wat für 'n Malör

So ganz ist Ulla wohl doch noch nicht in Köln angekommen, sonst hätte sie dieses Fettnäpfchen gewiss ausgelassen. Die Restaurierung des Doms ist quasi die Steigerung von Sisyphusarbeit. Der Kölner Dom ist nämlich nie gerüstfrei. Irgendwo wird immer gewerkelt, was genau genommen kein Wunder ist, wenn man bedenkt, dass es über 600 Jahre dauerte, bis er überhaupt fertig erbaut war. Und Alter, Witterung und Umweltbelastungen hinterlassen ihre Spuren.

Schwaadschnüss

Die Bauzeit des **Alten Doms**, der bereits 870 an gleicher Stelle entstand, ist dabei nicht mal eingerechnet. Dass es überhaupt zu einem Neubau kam, liegt an der Ankunft der Gebeine der Heiligen Drei Könige in Köln. Der Alte Dom stieg damit zu einer der wichtigsten Wallfahrtskirchen in Europa auf. Macht und Ansehen des Kölner Klerus wuchsen. Und in der Stadt des Größenwahnsinns wünschte man sich selbstverständlich die größte Kathedrale der Welt.

Bei den Abbrucharbeiten im Jahr 1248 kam es zu einem Brand, der den Dom in Schutt und Asche legte. Dombaumeister Gerhard von Rile plante den neuen Dom im gotischen Stil. Als Vorbild galt ihm die französische Kathedrale von Amiens.

1530 war der Dombau bereits sehr weit fortgeschritten, doch dann kam es zum finanziellen Engpass, und der Bau musste gestoppt werden. Man munkelt, dass es einen weiteren Grund für den Baustopp gab: Der gotische Baustil war nicht mehr en vogue. Fortan wurden die Gottesdienste im notdürftig gedeckten Langhaus gefeiert, bis im 19. Jahrhundert die Gotik wieder aufblühte ...

1842 legte der preußische König Friedrich Wilhelm IV. den zweiten Grundstein des Kölner Doms. Der Bau sollte endgültig vollendet werden. Aber die Finanzierung war noch immer nicht gesichert. Der König steuerte zwar eine hohe Summe bei. Doch selbst mit der erhobenen Kathedralsteuer konnten die Kosten nicht gedeckt werden.

Bereits ein Jahr zuvor hatten Kölner Bürger*innen den König gebeten, einen Dombauverein zu gründen. Weil aber auch damit nicht genug Geld zusammenkam, wurde die Dombaulotterie erfunden und das Glücksspiel als Prämienkollekte verschleiert. Immerhin. Es brachte genug Geld in die Kasse.

Eigentlich hätte der Bau nun weitergehen können. Doch jetzt waren sich die Konstrukteure uneinig. Anders als bei anderen unvollendeten Kirchenbauten gab es für den Kölner Dom noch einen Bauplan aus dem 13. Jahrhundert. Man nannte ihn Plan F, ein etwa vier Meter hohes Pergament mit einem gezeichneten Entwurf der Westfassade.

Allerdings hatte man sich schon seit dem 15. Jahrhundert nicht mehr exakt an den Plan gehalten. Um die ursprüngliche Idee nicht ganz zu verlieren, einigten sich die Konstrukteure darauf, die Geschosshöhen zu strecken. So konnten sie die eigentlich vorgesehenen Proportionen beibehalten. Zur Anschauung für jedermann und -frau liegt Plan F in der Johanneskapelle bereit.

Mit mittelalterlichen Bauplänen und moderner Baukunst wurde der Kölner Dom 1880 fertiggestellt. Trotz der enormen Maße sind seine Proportionen ausgewogen. Das Querschiff bildet ein riesiges Kreuz. Nur der Anbau der ehemaligen Sakristei ist eine leichte Störung der reinen Symmetrie. Aber das Nicht-Perfekte macht ja gerade den Reiz des Kölschen aus.

Typisch für sakrale Bauten und auch für den Dom ist seine Ausrichtung nach Osten. Im Osten geht die Sonne auf. Von dort wird Christi Wiederkunft am Jüngsten Tag erwartet. Deshalb schauen die Gläubigen Richtung Osten auf den Altar.

Im Westen droht nach christlicher Symbolik das Unheil. Zum Schutz dienen die Türme, der riesige Nord- und Südturm des Doms. Hier liegt auch der Eingang. Die Eingangs-, also Westfassade des Doms ist besonders aufwendig gestaltet. Wegen der drei Kirchenschiffe gibt es auch drei Portale. Das älteste ist das Petrusportal am Südturm und führt direkt in die Kathedrale.

Im Zweiten Weltkrieg wurde der Dom schwer getroffen. Dennoch war er als einziges bedeutendes Gebäude der Stadt keine völlige Ruine. Ein für die Statik bedrohliches, rund zehn Meter großes Loch im Eckpfeiler des Nordturms wurde noch im Krieg mit

Ziegelsteinen aufgefüllt. Man nannte es Domplombe. Sie war bis 2005 sichtbar. Seit 1996 gehört der Kölner Dom zum Weltkulturerbe der UNESCO.

38 11 MONATE SPÄTER

UND 11 LETZTE SÄTZE ZUM SCHLUSS

1. Heute ist ein ganz besonderer Tag, und deshalb wirbelt Ulla bereits seit dem frühen Morgen im weiten Jogginganzug durch die Wohnung, die zunehmend blitzblank strahlt.

2. In wenigen Stunden werden ihre Eltern aus Itzehoe kommen und sie zum ersten Mal in Köln besuchen.

3. Geplant und organisiert war der Besuch schon mehrfach, musste aber immer wieder wegen unvorhergesehener Ereignisse, zum Beispiel dem Beinbruch der Mutter, dem Sturmschaden am Haus oder einem kurzfristigen Auftrag von Ulla verschoben werden.

4. Es klingelt, als Ulla gerade in der Küche Zwiebeln schneidet und ihr die Tränen wegen der Zwiebelschärfe die Wange herunterlaufen.

5. Ulla läuft zur Tür und öffnet in Erwartung entweder von Stefan, der sich früher freigenommen hat, oder von ihrer Freundin Maike, die ihr beim Vorbereiten der »kölschen Spezialitäten« helfen will.

6. Doch es ist nicht Maike und auch nicht Stefan, die vor der Tür stehen, sondern – Elli und Tim, Ullas Eltern, die besser durch den Verkehr gekommen sind, als erwartet, und deshalb bereits jetzt da sind.

7. »Aber Ulla, Kind, du weinst ja«, ruft Vater Tim erschrocken, und da fällt ihm Ulla auch schon in den Arm und heult tatsächlich wie ein Schlosshund, nicht vor Kummer, sondern vor Anspannung, Aufgeregtheit und Glück.

8. Elf Minuten später sitzen Elli, Tim, Ulla, Maike und Stefan am Küchentisch, trinken Kölsch (Ulla ein alkoholfreies!), schnibbeln und schälen gemeinsam die Zutaten für eine große Portion *Himmel un Ääd.*

9. Elli sieht bewundernd zu ihrer Tochter, eine strahlende Schönheit, was Tim bestätigt, der sich aber nach einem verschwörerischen Augenzwickern zu Ulla die Bemerkung nicht verkneifen kann, dass sie ein paar Kilo zugelegt hat, was ihr aber sehr gut steht.

10. Ein kurzer Blickwechsel zwischen Ulla und Stefan, dann öffnet Ulla ihre Joggingjacke, rafft ihr T-Shirt hoch und zeigt ihr – fünf Monate altes Babybäuchlein.

11. Sekundenlange Stille bei den werdenden Großeltern, dann braust wildes Geschnatter auf, geht in glückstriefende Umarmungsorgien über und endet mit Ullas Worten, dass, wenn alles nach Plan läuft, am 11.11. *»ne echte kölsche Jong«* auf die Welt kommt.

Darauf ein dreifaches *KÖLLE ALAAF!*

ANHANG

11 DINGE, DIE MAN IN KÖLN GEMACHT HABEN MUSS

1. Im Dom einen Weihnachtsgottesdienst besuchen. Ganz egal ob man katholisch ist oder nicht. Es ist ein unvergessliches Erlebnis.

2. Feiern Sie von Weiberfastnacht bis Aschermittwoch Straßenkarneval und tauchen Sie verkleidet ins närrische Leben ein.

3. Gehen Sie allein in eine typisch kölsche Kneipe. Selbst wenn Sie schüchtern sind, dauert es nicht lange und Sie sind mitten im Gespräch.

4. Gehen Sie ins Müngersdorfer Stadion. Egal ob der FC gewinnt oder verliert, die Stimmung ist fantastisch.

5. Sehen Sie sich den Sonnenuntergang vom Dach des KölnTriangle an. Kostet Eintritt, aber von hier hat man den besten Blick über Köln.

6. Bringen Sie auf der Hohenzollernbrücke ein Schloss mit dem Namen der*des Liebsten an. Werfen Sie den Schlüssel in den Rhein. Die Liebe soll ewig währen.

7. Spazieren Sie über den Melaten-Friedhof. Das riesige Areal mit seinen vielen imposanten Gruften ist einer der kontemplativsten Orte der Stadt.

8. Fahren Sie mit der Seilbahn über den Rhein.

9. Machen Sie eine unterirdische Stadtführung. Down Under gibt es viele Überbleibsel aus der Römerzeit.

10. Trauen Sie sich auf die *Schäl Sick!* Die ist viel besser als ihr Ruf.

11. Treiben Sie Sport im Grüngürtel. Der zentrale Park Kölns legt sich wie ein Ring um die Kölner Innenstadt.

ANHANG

11 DINGE, MIT DENEN MAN SICH IN KÖLN AUF JEDEN FALL BLAMIERT

1. Sprechen Sie kein Kölsch, wenn Sie es nicht können. Die an sich gutmütigen Kölner*innen verzeihen vieles, das nicht!

2. Bestellen Sie in einem Kölner Brauhaus nie ein Düsseldorfer Alt. Sie bekommen Hausverbot.

3. Bemühen Sie sich nicht, lustiger zu sein als der Köbes. Dieser Wettkampf ist für Sie aussichtslos.

4. Bestellen Sie keinen *Halven Hahn*, wenn Sie ein Brathähnchen wollen. Es gibt nur ein Käsebrötchen.

5. Fühlen Sie sich im Dom nicht ganz wie zu Hause. Zu legere Kleidung ist verboten, Picknicken auch.

6. Wenn Sie ein Spiel im Müngersdorfer Stadion besuchen, betreten Sie die Südtribüne nie mit einem Borussia-Mönchengladbach-Trikot. Es sei denn, Sie wollen den Rettungswagen von innen sehen.

7. Rufen Sie im Kölner Karneval zu keiner Gelegenheit »helau«! Es sei denn, Sie wollen mal allein sein.

8. Genießen Sie den Kölner Karneval – aber glauben Sie keinem Liebesschwur, denn: Aschermittwoch ist alles vorbei

9. Respektieren Sie kölsche Feiertage wie Karneval und CSD. An den Tagen ist man in Köln beschäftigt.

10. Sprechen Sie Kölner*innen nie auf die hässliche Architektur der Stadt an. Sie sehen das nicht.

11. Gehen Sie nicht im Rhein schwimmen. Auch wenn es sie dazu verlockt, die Strömungen sind zu gefährlich.

ANHANG

GLOSSAR

1. FC Köln	führender Fußballverein der Stadt
4711	meist mit dem Zusatz »Echt Kölnisch Wasser« versehenes Oldschool-Parfüm und Ursprung des Begriffs »Eau de Cologne«
Agnesviertel	beliebtes Wohngebiet im Norden der Innenstadt mit vielen Altbauten, kleinen Geschäften und Märkten: Klassische Kölschgastronomie und moderne Restaurants laden zur Einkehr ein.
Do laachs de disch kapott.	Artikel 11 des KGG: Da lachst du dich kaputt. Gemeint: Bewahr dir eine gesunde Einstellung zum Humor.
Drinks de ejne met?	Artikel 10 des Kölschen Grundgesetzes (KGG): Trinkst du einen mit? Übertragen: Komm dem Gebot der Gastfreundschaft nach.
Elferrat	elf Karnevalisten, die bei einer Karnevalssitzung hoch über der Bühne sitzen und durch die Veranstaltung führen
Et bliev nix, wie et wor.	Artikel 5 des KGG: Es bleibt nichts, wie es war. Oder: Sei offen für Neuerungen.

Et es, wie et es.	Artikel 1 des KGG: Es ist, wie es ist. Übertragen heißt es: Sieh den Dingen ins Auge.
Et hätt noch emmer joot jejange.	Artikel 3 des KGG: Es ist noch immer gut gegangen. Es gibt ein Schicksal, und das meint es gut mit dem*der Kölner*in. Also ruhig Blut.
Et kütt, wie et kütt.	Artikel 2 des KGG: Es kommt, wie es kommt, also: Hab keine Angst vor der Zukunft.
Fooderkaart	Speisekarte, genauer gesagt die mit den Kölner Spezialitäten
Fringsen	in Köln unter bestimmten Bedingungen kirchlich legitimierte Form des Mundraubs
Fünfte Jahreszeit	beginnt am 11.11. um 11.11 Uhr und endet am Aschermittwoch: In der Zeit wird in Köln Karneval gefeiert, und spätestens ab Weiberfastnacht gelten eigene Gesetze in der Stadt.
Halve Hahn	eigentlich ein Halber Hahn, in Wirklichkeit aber ein Roggenbrötchen mit Gouda, garniert mit ordentlich Zwiebeln, dazu Senf
Himmel un Ääd	Klassiker der *Fooderkaart:* gebratene Blutwurst auf Kartoffelstampf mit Äpfeln, entweder karamellisiert oder als Kompott. Klingt vielleicht schlimm, ist aber lecker.
Hohenzollernbrücke	Eisenbahnbrücke zwischen Deutz und Hauptbahnhof: Ursprünglich zwischen 1907 und 1911 erbaut, wurde sie nach 1945 neu errichtet. Über 300.000 Liebesschlösser wurden in der Hoffnung auf die ewige Liebe angebracht.
Kenne mer nit, bruche mer nit, fott domet.	Artikel 6 des KGG: Kennen wir nicht, brauchen wir nicht, fort damit. Sei kritisch, wenn Neuerungen überhandnehmen.

Köbes	Kellner im Kölner Brauhaus, bekannt für seinen rustikalen Charme
Kölsch	Name des Kölner Regiolektes und des Kölner Bieres
Kölscher Klüngel	Netzwerken auf gut Kölsch, die Grenze zur Vetternwirtschaft ist fließend.
Kölsches Grundgesetz	Basis des kölschen Grundgefühls. Besteht aus 11 Artikeln.
Kranhäuser	drei spektakuläre Wohn- und Bürobauten im Rheinauhafen: Sie wurden architektonisch den alten Lastkränen nachempfunden.
Maach et joot, ävver nit zo off.	Artikel 8 des KGG: Mach es gut, aber nicht zu oft. Übertragen: Achte auf deine Gesundheit.
Melaten-Friedhof	zentraler Friedhof der Stadt, letzte Ruhestätte vieler Prominenter
Müngersdorfer Stadion	Spielstätte des 1. FC Köln: Kein wirklicher Fan nennt es Rheinenergiestadion.
Musical Dome	ursprünglich nur zeitlich befristete Spielstätte für Musicals in der Nähe des Doms, von 2012 bis 2015 Ersatzquartier der Kölner Oper
Rosengarten	auf dem Dach einer ehemaligen Festungsanlage angelegter Garten: Über 50 Rosensorten blühen hier im Sommer.
Rosenmontagszug	Höhepunkt des Straßenkarnevals: Über eine Million Zuschauer feiern am Straßenrand, wenn 10.000 Jecke 300 Tonnen Süßigkeiten unter das Volk bringen.
Schäl Sick	die rechtsrheinischen Stadtteile von Köln: Früher leicht verachtet, wird die *Schäl Sick* immer mehr zum Hotspot Kölns.

Schwaad-schnüss	Schwätzer*innen, Besserwisser*innen
Veedel	der Stadtteil; für den*die Kölner*in identitätsstiftend: Hier ist er*sie zu Hause.
Wat fott es, es fott.	Artikel 4 des KGG: Was weg ist, ist weg. Übertragen: Jammer den Dingen nicht nach.
Wat soll dä Kwatsch?	Artikel 9 des KGG: Was soll der Quatsch? Oder: Stell immer die Universalfrage.
Wat wells de maache?	Artikel 7 des KGG: Was willst du machen? Füge dich in dein Schicksal.
Wieverfastelo-vend	Weiberfastnacht und damit Beginn des Straßenkarnevals; Tag, an dem Männer ihre hässlichsten Krawatten tragen sollten

Fettnäpfchenführer Ostfriesland – Eine Ode an das Moin

Sylvie Gühmann
Fettnäpfchenführer Ostfriesland
Eine Ode an das Moin

ISBN 978-3-95889-256-9
ISBN 978-3-95889-297-2

Nach dem Abi zieht Sonja aus dem Ländle nach Leer, um beim *Oostfresen-Blattje* ihr Volontariat zu absolvieren. Über die Einheimischen – und ihre Eigenarten – hat sie sich vorher nicht informiert. Ostfriesland ist schließlich ein Teil von Deutschland, so anders kann es da gar nicht sein.

Wie sehr sich Sonja doch irrt! Zum Glück schließt sie schnell Freundschaft mit Grietje, die sie so manches Mal davor bewahrt, ins nächste Fettnäpfchen zu hüpfen. Mit der Zeit scheint Sonja die neue Heimat gar nicht mehr so fremd – sie ertappt sich sogar dabei, wie sie ihren heiß geliebten Kaffee am Morgen gegen Ostfriesentee mit Wulkjes eintauscht.

Eine gut recherchierte, spannende Geschichte mit vielen Überraschungen, lustigen Anekdoten und ganz viel Ostfriesland drin.

(Ostfriesland.Travel)

CON BOOK.

Entdecken Sie die Fettnäpfchenführer

Unsere beliebten Reiseknigges

▪

informativ & unterhaltsam